Hanns Zischler

Berlin ist zu groß für Berlin

Hanns Zischler

Berlin
ist
zu groß
für
Berlin

Galiani Berlin

Helmut Geisert und Hanspeter Krüger in Freundschaft

Berlin wird immer größer,
Es hat Peripherien,
Die immer weiter weichen
Im Weichbild von Berlin.
Lebt man auch dort jahrein, jahraus,
Man kennt sich niemals ständig aus.
Berlin ist ja so groß – so groß – so groß –
Denkt man, man kennt Berlin,
Dann ist's schon wieder größer,
Als wie es früher schien.

Otto Reutter, 1913

INHALT

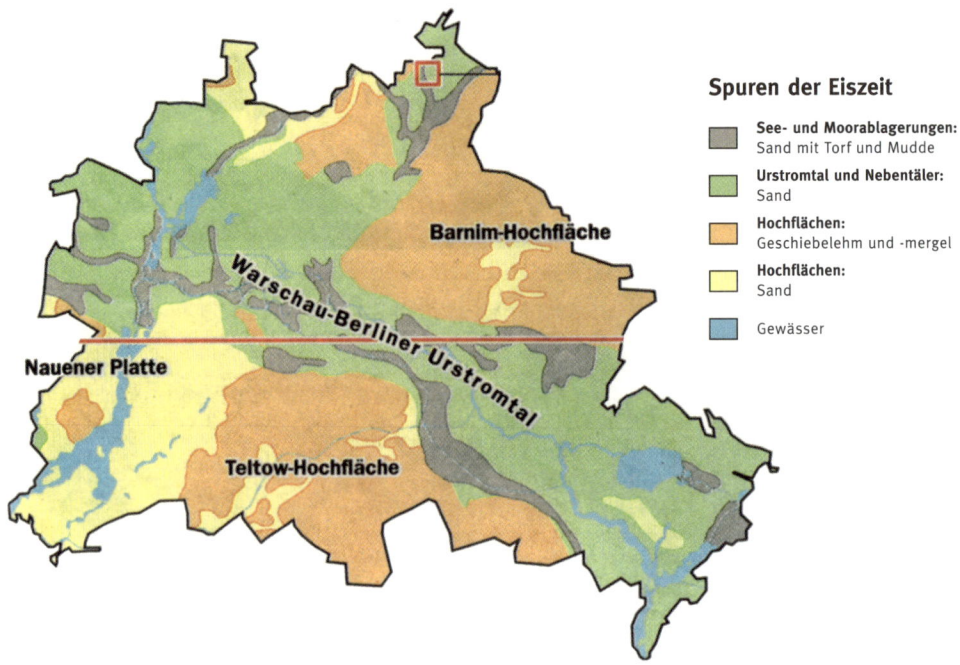

Spuren der Eiszeit

- **See- und Moorablagerungen:** Sand mit Torf und Mudde
- **Urstromtal und Nebentäler:** Sand
- **Hochflächen:** Geschiebelehm und -mergel
- **Hochflächen:** Sand
- Gewässer

Barnim-Hochfläche

Warschau-Berliner Urstromtal

Nauener Platte

Teltow-Hochfläche

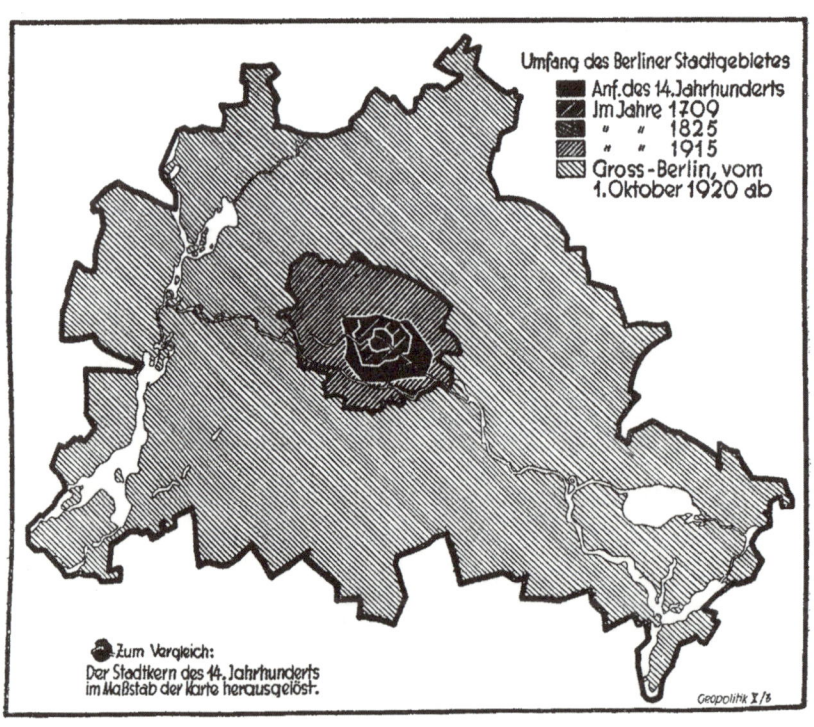

Umfang des Berliner Stadtgebietes

- Anf. des 14. Jahrhunderts
- Im Jahre 1709
- " " 1825
- " " 1915
- Gross-Berlin, vom 1. Oktober 1920 ab

Zum Vergleich:
Der Stadtkern des 14. Jahrhunderts
im Maßstab der Karte herausgelöst.

Geopolitik X/8

ZUR EINFÜHRUNG

Die Tatsache, daß die Bewohner von Berlin zum überwiegenden Teile ihrer Umwelt fremd gegenüberstehen, ermöglicht allein das Verständnis für ihre immer wieder *erstaunliche Gleichgültigkeit gegenüber dem Erbe der Vergangenheit* in dieser Stadt, mag dieses auch noch so klein und bescheiden sein. Rücksichtslos werden hier aus Ansprüchen des Verkehrs oder des Geschäftslebens alte Bauten und geschichtlich bemerkenswerte Stätten beseitigt oder verändert oder gar in eine ganz fremde Umgebung, wo sie nicht »stören«, verpflanzt. Das »Amerikanische« im Wesen von Berlin liegt in diesem »Antihistorismus« mindestens ebenso stark begründet wie in dem überschnellen Pulsschlag des Alltagslebens, in der Betonung des Modern-Technischen und in der ungewöhnlichen Reklameentfaltung, die einen Ausfluß des hier aufs Höchste gesteigerten Wettbewerbs bedeutet.

Friedrich Leyden, 1934
[nachdem er ein Jahr zuvor ins holländische Exil gegangen war]

Berlin ist heute keine sehr große Stadt. Es ist gemessen an seiner Einwohnerzahl eine enorm ausgedehnte Stadt. Was ihm an Dichte fehlt, glaubt es durch Fläche wettmachen zu können.

Das vormals preußische *Fluchtliniengesetz* regelte ab 1875 die administrative Planung von Straßen und Plätzen in Städten und Gemeinden – für interessierte Bauherren und Investoren. 1907, in der Hochzeit der Gespensterfotografie, hat der Fotograf Waldemar Titzenthaler die triebhafte und gespenstische Bewegung des Hypothekenkapitals auf der Suche nach einträglicher Grundrente in einer ebenso nüchternen wie phantastischen Fotografie im Bild festgehalten. »Baustellen – verkäuflich« ist auf dem Schild am künftigen Reichskanzlerplatz, dem

Zusammenstoß zwischen Reichs- und Heerstraße, zu lesen. Wenige Jahre zuvor hat Heinrich Zille den sandigen Boden dieses Bauerwartungslandes erhaschen können.

Im vorliegenden Buch ging es mir darum, den verstreuten Wahrnehmungen auf den Grund zu gehen, Berlin jage dem Phantom einer Groß- oder Weltstadt durch seinen schier unstillbaren Ausdehnungshunger hinterher. Ich wollte verstehen und an konkreten Orten erkennen können, wo dieser Expansionsdrang dingfest zu machen ist und was es auf sich hat mit der von Rudolf Borchardt bitter konstatierten »kalten Wüste Berlins« und dem »ewig Provisorischen«.

Es sind neben den veränderlichen Orten in der Stadt vor allem aber auch die Bewegungen und Leidenschaften Einzelner, die mich haben innehalten und ihre Spuren im Leben der Stadt entziffern lassen. An diese Stadtwanderer soll erinnert werden.

Groß-Berlin, das bis heute die Grenzen des Stadtstaates umreißt, war immer auch eine Illusion, eine Fata Morgana über märkischem Sand und Sumpf. Die rasche, ja maßlose Expansion war notgedrungen verbunden mit einer geradezu habituellen Zerstörungslust, beide wurden durch die geologische Beschaffenheit und die Morphologie des Urstromtals paradoxerweise begünstigt, denn Sand und Sumpf und schlafende Dünen sind eigentlich ein denkbar schlechter Siedlungsboden.

Tatsächlich war der größere Raum um Berlin über Jahrhunderte von den Wasserwegen, den Mühlen und dem Fischfang dominiert. Erst die im 17. und 18. Jahrhundert importierte Ingenieurskunst eröffnete, ja *festigte* durch Dämme und Brücken das Terrain für eine größere Stadt. Das daraus hervorgehende Berlin wurde nach Maßgabe seiner Landnahmen mit dem Rücken zum Wasser gebaut – und es dehnte sich aus. In trockenen Tüchern ist es bis heute nicht. Manchmal hatte dieser Drang selbst Züge einer fluvialen Bewegung, als betreibe es eine Mimikry der Gewässerverläufe. Am Ende war es in technischer Hinsicht die von der Eisenbahn (Fernbahn und Stadtbahn) vorangetriebene Industrialisierung, welche die siedlungsgeographische Gestalt der späteren Stadt entscheidend geprägt hat.

In den ersten Jahrzehnten des 20. Jahrhunderts – 1930 zählte Berlin 4,3 Millionen Einwohner – zeichnete sich die historisch einmalige Möglichkeit einer stadtraumpolitisch gewollten, langfristigen *Verdichtung* ab.

Es sollte anders kommen. Die 1933 einsetzende Eroberung und Besetzung Berlins durch den Nationalsozialismus – begleitet von der Niederschlagung und dem Niedergang der organisierten Arbeiterbewegung und dem Beginn des polizeilichen Bürgerkriegs gegen die deutsche Judenheit – war der Anfang vom Ende. Die Bürogemeinschaft Speer/Hitler betrieb, in grotesker Verkennung und Überhöhung der Planideen für eine »Weltstadt« von Mächler und Wagner, eine monumentalistische und selbstzerstörerische Stadtraumpolitik, die schließlich in der Zerstörung der Stadt durch den Krieg endete.

Die daraus resultierende monströse Teilung Berlins war das genaue Gegenteil einer polyzentrisch möglichen Stadt. Doch auch während der Jahrzehnte des Kalten Kriegs haben die beiden sehr ungleichen Stadthälften des ehemaligen Groß-Berlin es nicht vermocht, einzelne Areale zu verdichten und der Metropole ein Gesicht zu geben – mit einer bedeutsamen Ausnahme: dem Bau der Stalin- und heutigen Frankfurter Allee durch Henselmann (1952–1956). Es bleibt zu hoffen, dass diese großzügige, mehr Stadt- als Straßenanlage zu einem entscheidenden *Spielraum* der künftigen Konzentration, zur Drehbühne eines *polyzentrischen* Berlin wird. Der diesem Areal vorgelagerte Alexanderplatz ist in seiner heutigen Ungestalt ein Leistenbruch im Stadtkörper. In seiner Unverbundenheit ist er mehr das Problem als dessen Lösung.

Berlin jagt (noch immer?) dem Phantom einer Weltstadt nach. Doch es desintegriert, es verdünnt sich. Die Sirenen des Urstromtals sind noch nicht verstummt. 1946 glaubten die Städteplaner für ein neues Berlin, die Autoren des *Kollektivplans* – und darin den Partisanen der mobilen Geographie, den wahlverwandten Militärs nicht unähnlich –, in den Sandkasten des riesigen Tals eine utopische Riesenstadt hinwürfeln zu können: Tabula rasa für eine autogerechte, typologisch homogene Überwindung des Gewesenen.

Dass diese Stadt immer schon, mehr als andere Städte, stark verlandschaftet war, kann zu der Illusion verleiten, eine Addition von halbgaren Garden Cities an den Rändern und eine undurchmischte und unbezahlbare Happy-few-Architektur im Innern vermöchten – bei so viel Grün! – eine neue städtische Physiognomie hervorzubringen. Neubau im Verbund mit Bauen am Bestand, Mieterschutz in den Kernbereichen, massive Stärkung des öffentlichen Nahverkehrs und eine Garantie für den Erhalt zweckfreier Räume wären die baupolitisch erprobenswerten Rezepte gegen die sich abzeichnenden Segregationen.

Dieses Buch geht an einzelnen Beispielen – Personen, Plätzen, Ereignissen und damit verbundenen Lektüren und Bildbetrachtungen –

der untergründigen, geologischen »Weitläufigkeit« dieses Urstromtals nach und versucht die in der Stadt zutage tretenden Symptome des Ausdehnungshungers und der Abrisslust aufzuspüren.

Die für diese Arbeit ausgewählten *Abbildungen* sollen den Text nicht bloß illustrieren, sondern *gleichrangig* neben dem Geschriebenen stehen. Der weitgehende Verzicht auf Bildlegenden – die genauen Angaben finden sich am Ende des Buches – soll das Zusammenspiel zwischen Fließtext und Bildbetrachtung stärken.

Berlin 1965

Blick vom Trümmerberg am Teufelssee

EINE STADT
AUF »GRUNDLOSEM BODEN«

Schöner Ausblick. In betont lässiger Haltung blickt der Mann in seinem schlecht sitzenden Straßenanzug, dem Betrachter den Rücken zugekehrt, an ein imaginäres Panoramafenster gelehnt, auf das westliche Weichbild Berlins. Die historisierende Fraktur des Stadtnamens in der Grafik möchte vielleicht, etwas unbeholfen, eine ältere, seriösere Vergangenheit suggerieren. Von der zwanzig Jahre zurückliegenden Zerstörung Berlins ist auf den ersten Blick nichts mehr zu erkennen. Über den Himmel ziehen keine Bombenflugzeuge mehr, nur eine einzelne Maschine befindet sich, aus dem Westen kommend, im Anflug auf Tempelhof. Neue Zeit, wohin man blickt. Gut erkennbar sind die überlebenden Bauwerke verteilt, lediglich das Terrain unmittelbar vor dem Fenster wirkt eigentümlich unscharf und provisorisch, waldig und sandig, und der Boden, auf dem dieser Betrachter steht, verweist auf kein Zimmer und keinen Innenraum, sondern auf Geröll, auf unebenes, offenes Gelände.

Was zeitlich hinter und räumlich unter dem Mann liegt, so ließe sich seine Haltung auch lesen, kann ihm den Buckel herunterrutschen.

Hinter ihm erhob sich und hätte aufragen sollen die sogenannte »Wehrtechnische Fakultät«, ein monströses Bauwerk der Nazis, Ouvertüre für eine noch wahnhaftere Universität.

Unter ihm liegt das gewesene Berlin: die Trümmer, der Abraum, der Schutt, die materielle Hinterlassenschaft des Luftkrieges, die Hälfte der zerstörten Stadt.

Wenn es einen Ort gibt, an dem der seit dem Ende des Barock wiederkehrende Impuls manifest wird, stadträumliche Gegebenheiten durch Abriss, Ausweidung und triumphalistischen Aufbau zu verändern, als ginge es darum, neue Theaterkulissen und neue Provisorien für ein noch ungeschriebenes Stück aufzurichten, dann ist es dieses Relief, das sich seit den 70er-Jahren als unförmige Erhebung der Stadt

16

aufgeprägt hat: der Teufelsberg. Ein riesiger Schuttberg, ein Grabhügel, der die mehrfach aufgeschüttete (»geschichtete«) Geschichte einer – gescheiterten – Raumerzwingung geborgen und erdrückt hat.

1936 wurde mit ungewöhnlicher Hektik und gänzlich unrealistischen Vorgaben die Planung und Errichtung der monumentalen »Wehrtechnischen Fakultät« vorangetrieben: eine geschlossene Anlage aus einem fünfgeschossigen kubischen Hauptbau und einer daran angeschlossenen zweigeschossigen Rand- und Hofbebauung. Der vierflügelige, nach Osten ausgerichtete Hauptbau mit den Abmessungen 113 m x 121 m wies stark hervorspringende, kastellartige Ecktürme auf. Die Randbebauung sollte ein Rechteck von 306 m x 239 m Kantenlänge mit nord-südlich ausgelegten Flügelbauten, der westliche Abschluss eine fünffachsige Tordurchfahrt nach dem Muster des Brandenburger Tores bilden.

Diese »Wehrtechnische Fakultät« war nur die erste Stufe eines noch sehr viel größeren Bauvorhabens, der Errichtung einer neuen – und Zerstörung der traditionellen – Universität, nachdem in blinder, ideologischer Bedarfsplanung dekretiert worden war, die innerstädtischen Institute seien den neuen Anforderungen räumlich nicht mehr gewachsen. Tatsächlich wurde mit dieser stadtgeographisch exzentrischen Auslagerung eine *sichtbare* und gewaltsame Zurichtung (und letztlich Vernichtung) der wissenschaftlichen Bildung betrieben mit dem Ziel, den unverhüllt hervortretenden kriegswirtschaftlichen Prioritäten gerecht zu werden. Blättert man in den Protokollen der beteiligten Universitätsgremien, erstaunen immer noch der Ton und das Ausmaß sklavisch-begeisterter Zustimmung. Zugleich stellte diese Planung einen massiven und, einmal vollendet, einen wahrscheinlich unumkehrbaren Einbruch in das größte Berliner Naherholungsgebiet, den Grunewald, dar.* Zu Beginn der Bautätigkeit wurde das gesamte nördliche Areal des Grunewalds abgeholzt.

Im November 1937 machte Hitler bei der Grundsteinlegung sein Programm zur Liquidation des historischen Berlin und die Errichtung von »Germania« mit dem ihm eigenen krötigen Pathos öffentlich: *Es ist mein unabänderlicher Wille und Entschluß, Berlin nunmehr mit jenen Straßen, Bauten und öffentlichen Plätzen zu versehen, die es für alle Zeiten als geeignet und würdig erscheinen lassen werden, die* 17

Hauptstadt des Deutschen Reiches zu sein. Es soll dabei die Größe dieser Anlagen und Werke nicht bemessen werden nach den Bedürfnissen der Jahre 1937, 38, 39 oder 40, sondern sie soll gegeben sein durch die Erkenntnis, daß es unsere Aufgabe ist, einem tausendjährigen Volk mit tausendjähriger geschichtlicher und kultureller Vergangenheit für die vor ihm liegende unabsehbare Zukunft eine ebenbürtige tausendjährige Stadt zu bauen.

Das bis zum Rohbau gediehene Vorhaben südlich der Heerstraße war, ähnlich wie das von einem gigantischen Ringwall umschlossene Flugfeld Tempelhof zwei Jahre zuvor, ein weiterer Faustschlag des Regimes in den sandigen Boden Berlins. Das 1936 fertiggestellte Olympiagelände mit dem heutigen »Jesse-Owens-Stadion« nördlich der Heerstraße lieferte einen Vorgeschmack auf die Kubaturen der geplanten

Der Architekturkritiker Goerd Peschken über die Generation der Städteplaner zwischen 1900 und 1945

»Die Angehörigen der Generation, die nach dem Krieg zunächst die Entscheidungspositionen besetzte (...) hatten es sehr nötig, ihre eigene Vergangenheit zu verdrängen. Sie alle hatten den Nationalsozialismus einmal zumindest für das kleinere Übel gehalten und ihm darum in den Sattel geholfen. (...) Ihr schlechtes Gewissen hätte sich gegen sie selbst richten müssen. Sie flüchteten sich in fanatischen Geschichtshaß. (...) Sie übertrugen ihren unbewußten Selbsthaß vorzugsweise auf Baudenkmale der Kaiserzeit. In ihrem Vernichtungsfeldzug haben sie in Berlin sämtliche großen Kopfbahnhöfe der Kaiserzeit ausgetilgt. (...) Eine einzige Architekturperiode ist nach dem Kriege von den Bauverwaltungen des Hoch- und Tiefbaus völlig selbstverständlich gepflegt worden: die Gebäude aus der Nazi-Zeit. (...) Die zweite Nachkriegsgeneration (...) sind Leute, denen der Faschismus die Jugend kaputtgemacht hat. (...) Die Generation der Technokraten und der borniertesten Fachbeschränktheit. Sie war und ist es, die völlig ungerührt und unbedenklich die Städte unseres Landes weit stärker zerstört hat als der 2. Weltkrieg. Sie übertrifft die vorige Generation in dem Punkte also noch, unterscheidet sich aber von ihr dadurch, daß sie sich überhaupt kein Gewissen daraus macht.«

Hochschule. Die gesamte Planung zu beiden Seiten der Heerstraße stellte eine massive Fortifikation längs der westlichen Querachse zu der seit 1938 entwickelten, die Stadt absichtsvoll und gewaltsam zerreißenden Nord-Süd-Achse von Hitler / Speer dar. Auf gespenstische Weise nahm diese destruktive Achsenplanung *im Inneren* die wenige Jahre später hereinbrechende Zerstörung Berlins *von außen und von oben* vorweg.

Während von der Hochschulstadt lediglich monumentale Skizzen und Pläne überliefert sind, wurde der Bau der »Wehrtechnischen Fakultät« 1941 aus kriegsbedingtem Ressourcenmangel eingestellt. Das ebenso phantasielose wie kolossale Gebäude überstand den Krieg als Bauruine. Vom Sommer 1945 bis ins Frühjahr 1946 wurde ein Teil der maroden Räume vom britischen Militär für kurze Zeit als Funkstation nachrichtendienstlich genutzt.

In den Jahren zwischen 1946 und 1951 verkam das Gelände zu einem immer größer werdenden Schandfleck; neben einer offiziellen Müllkippe wurde dort privat ungehindert Müll abgeladen. Noch 1950/51 wurde ernsthaft darüber diskutiert, ob der Rohbau nicht vollendet werden sollte. Erst als sich herausstellte, dass die Kosten für das verarmte Berlin nicht aufzubringen waren und überdies ein möglicher ernsthafter Interessent (von einer Studentenstadt mitten im Wald einmal abgesehen) fehlte, entschloss man sich zur Trümmeraufschüttung. Tatsächlich wurde durch diese sorgfältig geplante, anthropogene Erhebung auch die bereits geschehene Zerstörung des nördlichen Grunewalds weitgehend rückgängig gemacht.

Es ist schwer zu begreifen, warum dieses Stadion offiziell immer noch »Olympiastadion« heißt und nicht, wie der Schauspieler Daniel Craig dies schon vor Jahren, anlässlich eines Empfangs beim Regierenden Bürgermeister, vorgeschlagen hat: »Jesse-Owens-Stadion!« Ich greife diese Anregung auf und setze sie damit erneut auf die Agenda. Berlin hat ja in Umwidmungen, Rück- und Neubenennungen reiche Erfahrung.

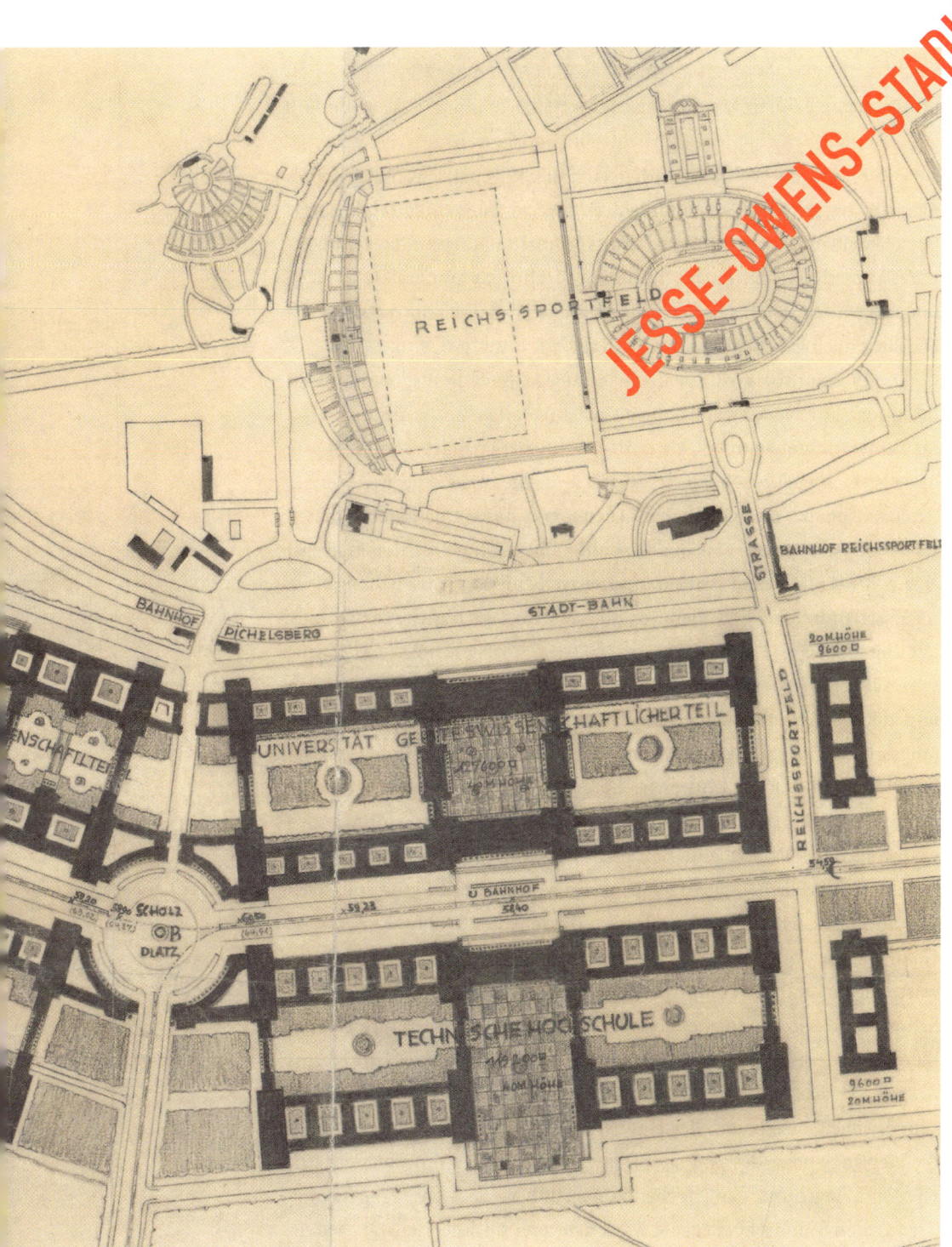

JESSE-OWENS-STADION!

REICHSSPORTFELD

BAHNHOF REICHSSPORTFELD

STRASSE

BAHNHOF
PICHELSBERG

STADT-BAHN

REICHSSPORTFELD

20 M. HÖHE
9600 □

UNIVERSITÄT GE . . . . . . WISSENSCHAFTLICHER TEIL

. . . SCHAFTLICHER TEIL

. . . 7600 □
. . . M HÖHE

U BAHNHOF
5340

. . . SCHOLZ
OB
PLATZ

TECHNISCHE HOCHSCHULE

. . . 600 □
. . . M HÖHE

9600 □
20 M HÖHE

23

m

100

50

Die zerstörten Wohnhäuser lieferten das Rohmaterial für ein Grabmal, das unter sich das Monument einer stadtraumzerstörenden militärischen Planung bergen sollte. Ein kompletter Abriss dieses Objekts
wäre, ähnlich wie dessen Fertigstellung, technisch zu aufwendig gewesen und war angesichts der verkippten 25 Millionen Kubikmeter Schutt
am Ende auch gar nicht mehr erforderlich.

Dieser Schuttberg ist der höchste und größte der insgesamt elf an-
thropogenen Erhebungen, die nach 1945 in Berlin aus Trümmern und
Abraum errichtet wurden. Über der dünnen Grasnarbe hat sich wie
im Lehrbuch eine bescheidene Sukzessionsvegetation wild wachsender
Großstadtpflanzen breitgemacht. Auch wenn das Gebiet heute offiziell
als »Wald« ausgewiesen ist und deshalb nicht Bauland werden kann, ist
eine echte Aufforstung recht mühsam, weil für den Aufwuchs nur wenig gutes Erdreich vorhanden ist und Bauschutt auch nicht zur Humus-
bildung taugt.

Das Gelände am Fuß des Teufelsbergs wurde mit Eichen, Kiefern
und der genügsamen Amerikanischen Traubenkirsche bepflanzt; in
jüngster Zeit machten sich, neben wenigen Lärchen, in einer Art zwei-
ter Spontanvegetation zahlreiche Birken breit, von denen viele an einer Art Frühvergreisung, einem Knickbruch in etwa 4 m Höhe, leiden,
wodurch dieses Wäldchen einen recht verwahrlosten Eindruck macht.
Auf die freien Flächen wurde eine ganze Kohorte von Pionierpflanzen
für die Ruderalvegetation losgelassen: die leuchtend gelbe Kanadische
Goldrute; die auf trockenen Lichtungen mattblau hervortretende Weg-
warte; der metallisch schimmernde Silberregen; die rasch wachsende
Schwarzerle; die Sandbirke, der »Wasserbauingenieur« unter den Bäumen; die Eberesche mit ihren leuchtend roten Beeren; der im Herbst
hellgelb verfärbte Spitzahorn; der schnell wuchernde und übel riechende
Chinesische Götterbaum, der Hahnendorn; der dickstielige Bocksdorn,
die Lieblingsspeise des Totenkopfschwärmers; die mild duftende, stark-
wüchsige Hagebutte; das kriechende, geröllüberwuchernde Fingerkraut;
der für den Windschutz ideale Erbsenstrauch und der schwarz leucht-

R⁴⁵

H⁵⁸ 17 930

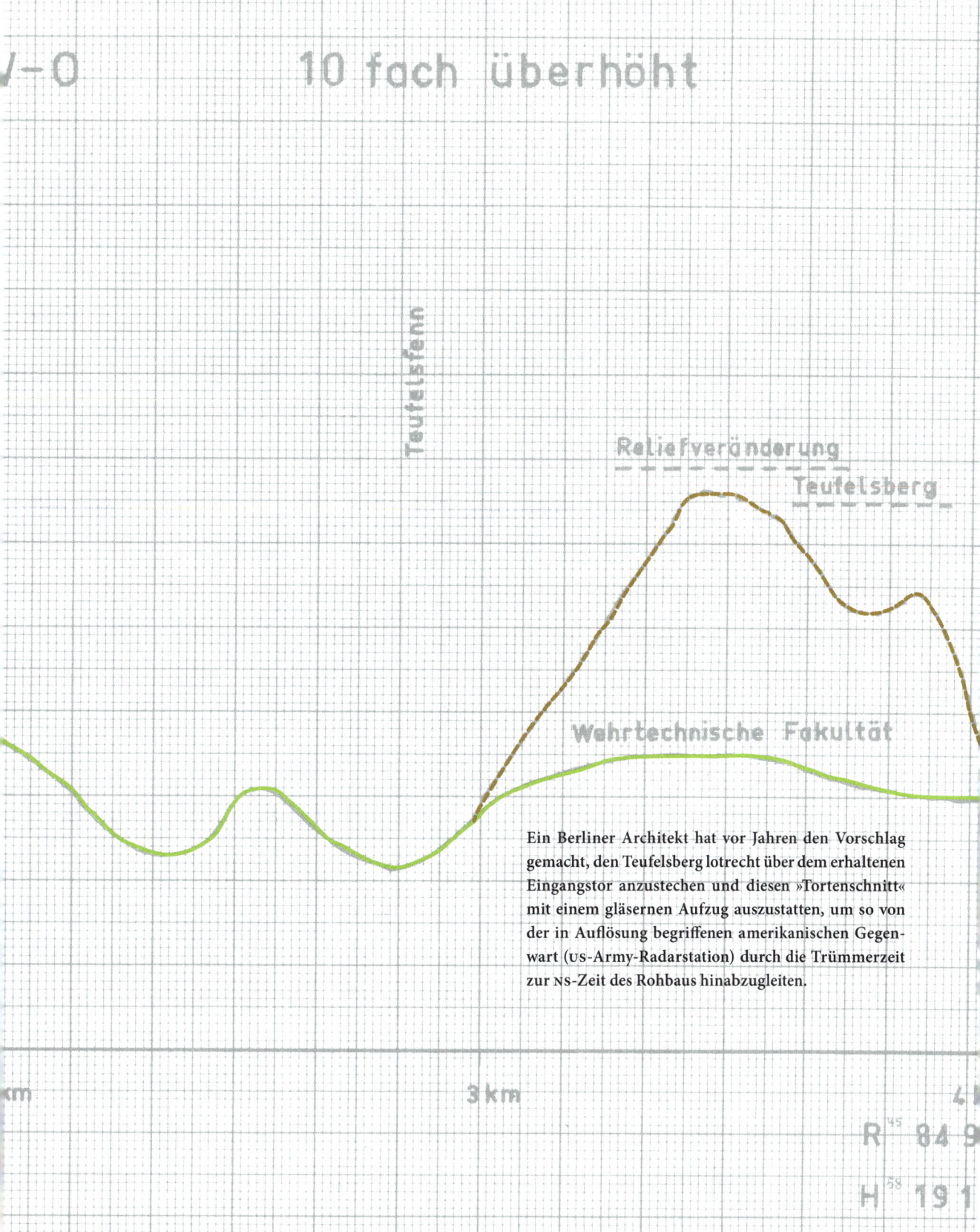

Teufelsfenn

Reliefveränderung
- - - - -
Teufelsberg

Wehrtechnische Fakultät

Ein Berliner Architekt hat vor Jahren den Vorschlag gemacht, den Teufelsberg lotrecht über dem erhaltenen Eingangstor anzustechen und diesen »Tortenschnitt« mit einem gläsernen Aufzug auszustatten, um so von der in Auflösung begriffenen amerikanischen Gegenwart (US-Army-Radarstation) durch die Trümmerzeit zur NS-Zeit des Rohbaus hinabzugleiten.

km   3 km   4

R 84 9

H 191

Silberregen
Robinia pseudoacacia

Schwarzerle
Alnus glutinosa

Sandbirke
Betula verrucosa

Eberesche
Sorbus aucuparia

Spitzahorn
Acer platanoides

Chinesischer Götterbaum
Ailanthus glandulosa

Hahnendorn
Crataegus crus galli

Bocksdorn
Lycium europaeum

Hagebutte
Rosa canina

Fingerkraut
Potentilla fructuosa

Erbsenstrauch
Caragana arborescens

Holunder
Sambucus nigra

ende Holunder; unter den Stauden perforieren heute ganze Schwärme der hellen Graukresse den Hang und über viele Monate punktiert die hellrote Lichtnelke den Waldsaum.

Wer am Fell dieses Kolosses kratzt oder auch nur in den erodierenden, zu Rinnen vertieften Trampelpfaden ein wenig herumstochert, stößt auf die härteren Werk- und Baustoffe der Berliner Mietshäuser: Klinker, Ziegel- und Zementstein, verklumpt mit den offenbar unverweslichen Fliesen und Ofenkacheln, durchmischt mit Porzellanscherben, Steingut, Linoleumresten, Bakelitbruchstücken, Eisendrähten, Plastikscheiben und Zinkblech – anonyme Überbleibsel aus Berliner Mietshäusern und den sie umgebenden Mauern und Dächern. Dass vierzig Jahre nach Abschluss der Aufschüttung (1972) der Schutt unter der Grasnarbe immer noch oder wieder hervortreten würde, war sicher nicht im Sinn der Trümmerbegrünung.

Der Hügel ist bis heute ein namenloses Grabmal der aufgeschütteten Stadtreste; die Kubaturen dieses Abraums waren als phantomhafte, kariöse oder leere Gevierte im geteilten Berlin noch lange Jahre an zahlreichen Eckgrundstücken hinter notdürftig hingezimmerten Latten- und Gitterverschlägen mehr zu ahnen als zu sehen. Das Volumen der Füllmasse an Schutt bewirkt eine bleibende geologische und auch für das ungeübte Auge leicht irritierende Anomalie, die auf ganz eigentümliche Weise die Monstrosität des Rohbaus der »Wehrtechnischen Universität« einerseits verdeutlicht, andererseits durch Renaturierung in die Vergessenheit drängt. Hier ruht das gewesene Berlin als archäologisches *pêle-mêle* dessen, was neben den menschlichen Überresten vom Krieg übrig blieb.

Die Eichen locken Wildschweine sonder Zahl an. Zwischen sechs- und zehntausend sollen, über die gesamten Forste der Stadt verteilt, inzwischen in Berlin leben. Sie sind nicht scheu, im Gegenteil, sie fallen regelmäßig in Gärten und Friedhöfe ein, wo sie mit rabiater Gründlichkeit nach Blumenzwiebeln und Kompostabfällen wühlen. Die Abschussquote ist hoch, doch der Kampf gegen diese Invasoren scheint, wenn nicht verloren, so doch vergeblich. So ist eine Sauhorde, unwiderstehlich

Der aufgeschüttete Park – Schloss Charlottenburg

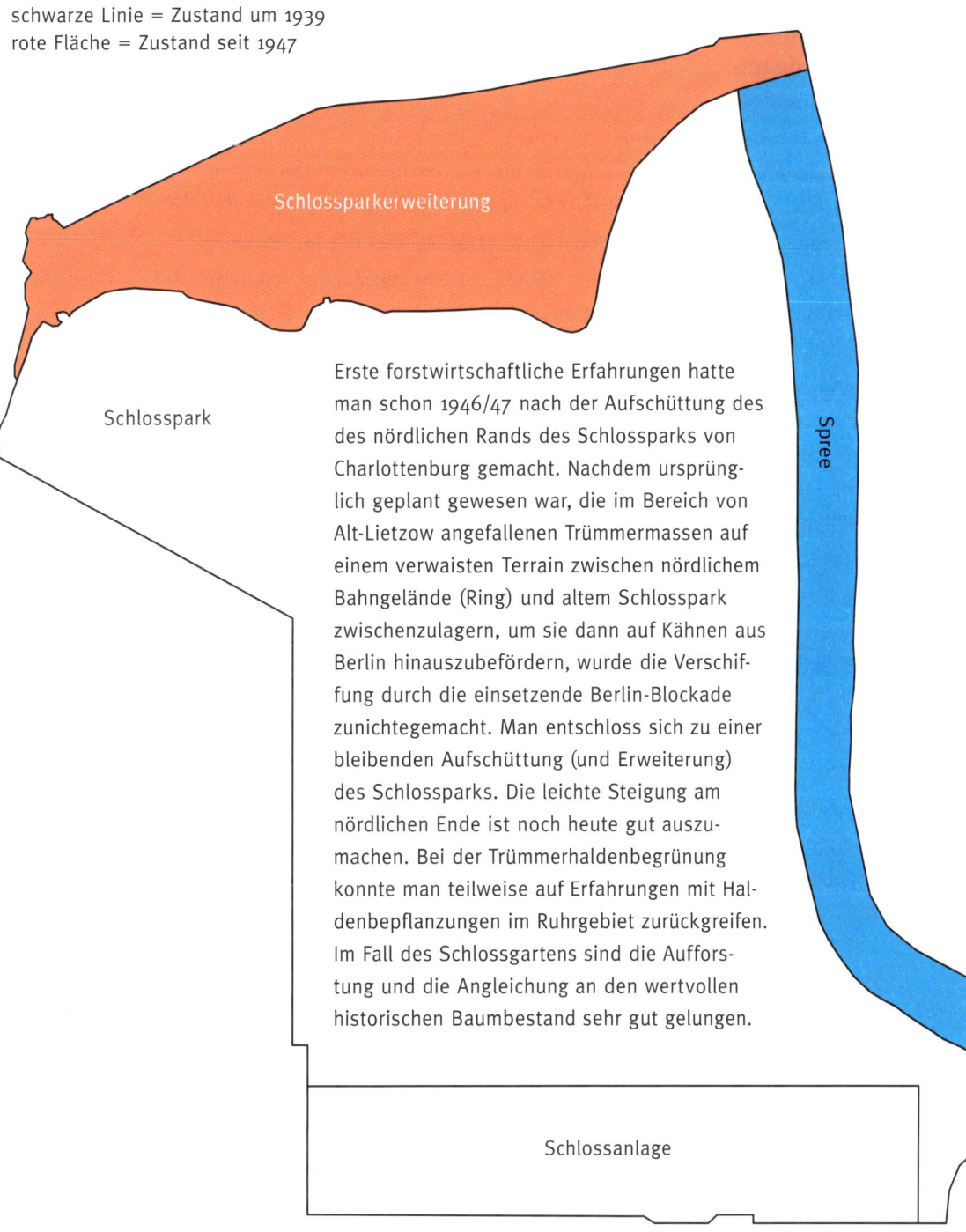

Schlossparkerweiterung

Schlosspark

Spree

Erste forstwirtschaftliche Erfahrungen hatte
man schon 1946/47 nach der Aufschüttung des
des nördlichen Rands des Schlossparks von
Charlottenburg gemacht. Nachdem ursprünglich geplant gewesen war, die im Bereich von
Alt-Lietzow angefallenen Trümmermassen auf
einem verwaisten Terrain zwischen nördlichem
Bahngelände (Ring) und altem Schlosspark
zwischenzulagern, um sie dann auf Kähnen aus
Berlin hinauszubefördern, wurde die Verschif-
fung durch die einsetzende Berlin-Blockade
zunichtegemacht. Man entschloss sich zu einer
bleibenden Aufschüttung (und Erweiterung)
des Schlossparks. Die leichte Steigung am
nördlichen Ende ist noch heute gut auszumachen. Bei der Trümmerhaldenbegrünung
konnte man teilweise auf Erfahrungen mit Hal-
denbepflanzungen im Ruhrgebiet zurückgreifen.
Im Fall des Schlossgartens sind die Aufffors-
tung und die Angleichung an den wertvollen
historischen Baumbestand sehr gut gelungen.

Schlossanlage

angetrieben von ihrem legendären Geruchssinn, an einem Frühmorgen im Herbst 2009 aus dem nördlichen Grunewald hervorgebrochen, hat die sechsspurige Heerstraße überquert, um die beiden Rasenflächen des Raußendorffplatzes am Eingang der Preußenallee nach Zwiebelknollen zu durchwühlen: animaler Vandalismus, vor dem das Bezirksamt schließlich resignierte und künftig auf Schmuckrabatten verzichtete. Selbst die in der behäbigen Havel ruhende Pfaueninsel wurde von den Schweinen schwimmend erobert – zum Entsetzen der dort arbeitenden Gärtner und der frei flanierenden Pfauen, bis ein längs des Ufers verlegter Zaun rings um die Insel den Invasoren Einhalt gebot.

Der nördliche Saum des Grunewalds bildet eines der vielen vorgeschobenen Glacis für die Avantgarde der Waldtiere, der Wildschweine, Füchse, Marder, Iltisse und bald auch der Waschbären; als Herolde eilen ihnen die Eichelhäher, Sperber, Buntspechte und gelegentlich einzelne Eulen und Wespenbussarde voran, um in der wärmeren, von Bio-Abfällen gesegneten Stadt heimisch zu werden. Die letzten natürlichen Feinde dieser halbnomadischen Horden sind die zunehmend in die Defensive gedrängten Hunde und die Automobile.

Aber jene »Berge von Steinen und Trümmern«, aus denen große Teile der Berliner Innenstadt bestanden und von denen der Berliner Ornithologe Stresemann mit einem hierzulande seltenen Anflug von schwarzem Humor sagte, dass er sie am liebsten kurz *vor* Kriegsende in der Ruine des *Naturkundemuseums* hätte aufhäufen wollen, *um die historische Bibliothek zu retten*, diese Geröllhalden wurden hier aufgeschüttet, um das Gedächtnis an diesen Ort zu begraben und *auszulöschen*, mithin aus der Geschichte in eine anamnesische Natur zu verabschieden. Die Ruinenarchitektur wurde gewissermaßen mit einer riesigen Camouflage versehen und durch die wertlos gewordenen Werkstoffe ausgewildert.

Die Ende der 60er-Jahre errichtete fünfteilig überkuppelte Anlage der US-Streitkräfte auf einem Gipfel des Teufelsbergs gehörte zum Klarsten, was an funktionaler Architektur nach dem Krieg gebaut wurde; sie konnte sich mühelos mit den älteren großen Industrie- und Zweckbauten von Behrens, Müller und Poelzig messen. Weithin und

geheimnisvoll leuchteten die weißen, sakral wirkenden Türme der Ra-
daranlage, ein *Spacelab* aus dem Geiste Buckminster Fullers und Thomas Pynchons. Wenn neue Kirchtürme, dann solche.

Die Terrain-Planung schien einem unentrinnbaren Wiederholungszwang zu gehorchen: Auf dem militärischen Sperrgelände thronte der

Sieger über der Ruine des Aggressors und dem Trümmerschutt der Besiegten. Es mutet wie eine launische Pointe der Geschichte an, doch könnte man in dieser pseudoorientalischen Zweckarchitektur eine verirrte »Stadtkrone« aus dem Geist Bruno Tauts erkennen. Die von Polyeder-Kuppeln dominierte Anlage – die nachrichtendienstliche BW [Berlin West] 809 ASA [US Army States Security Agency] SITE TEUFELSBERG – ist ein eindrucksvolles Denkmal des Kalten Krieges, das dazu diente, die Truppenbewegungen und Manöver des Warschauer Paktes bis hin zum Ural abzutasten. Seit dem Ende des Viermächtestatus von Berlin ist diese Anlage verwaist und, nachdem die Stadtverwaltung es versäumt hat, einen offensiven Denkmalschutz geltend zu machen, zunehmend vandalisiert. Diese Raumstation wird über kurz oder lang zu dem nämlichen Schutt werden, den sie zwei Jahrzehnte lang übergipfelt hat.

Auf dem nördlichen Plateau des Teufelsbergs kreuzen sich die Wege von Drachenbastlern, Sonnenanbetern, Liebespaaren und Ornithologen, in den 80er-Jahren wurden bescheidene Skiwettbewerbe (auf einer heute wieder verschwundenen Sprungschanze) abgehalten – Wintersport en miniature. Lautlos schwebt im Morgengrauen die Eule durch das Gehölz und mit der ersten Sonne rüttelt der Falke über dem Plateau.

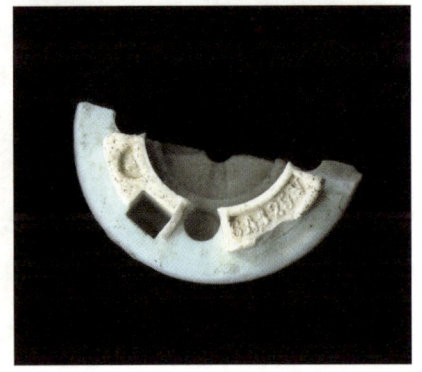

DAS ZIEL IST DER WEG

Über einen freien, ringsum mit schönen Häusern besetzten Platz gelangte ich in eine Straße, deren Ende ich kaum absehen konnte. Es war die Leipziger Straße, eine der schönsten in Berlin. Sie ist breit und regelmäßig und auf beiden Seiten mit guten, zum Teil prächtigen Häusern besetzt. Aber sie ist schon bei geringem Regen voller Schmutz und hat für die Fußgänger außerdem noch die Unbequemlichkeit, daß man nicht an den Häusern fortgehen kann, sondern auf dem Fahrwege bleiben muß. Denn zu den Häusern laufen auf beiden Seiten die Appareils [Auf- bzw. Zufahrten] hinauf, die bald höher, bald niedriger sind und ein fortwährendes Auf- und Abklettern verlangen.

Franz Eyssenhardt, Berlin im Jahre 1786

Unsere Straßen sind so irregulär und schlecht gepflastert, daß jeder Fremde, wenn er nur wenige Stunden umhergeht, über Schmerzen in den Fußsohlen klagt. Berg und Thal wechseln, besonders auf dem Bürgersteige, mit einander ab, und man läuft an dunklen Abenden Gefahr, zu stürzen oder ein Bein zu brechen. In der Mitte der Straße finden sich große Vertiefungen, und die Steine stehen oft weitläufig auseinander, so daß bei dem unbedeutendsten Regen sogleich ein fast undurchdringlicher Kot entsteht, der jeden Augenblick dem Vorübergehenden das Durchkommen erschwert. An öffentlichen Gebäuden liegen tote Tiere und allerlei Schmutz in Menge, so daß die Luft verpestet und für das Auge Ekel erregt wird. Ein wahres Glück ist es, daß Berlin die trockenen, zehrenden Ostwinde hat, welche die faulen Dünste so ziemlich wegführen.

Berlin 1789

In mühseliger Handarbeit – Kanalbau, vor 1914

Auf diesem nicht genau datierten Foto handelt es sich möglicherweise um die Aushubarbeiten für einen Kanalbau durch eine Akkordkolonne. Die nur unscharf erkennbaren Bauten im Hintergrund könnten darauf hindeuten, dass es sich um den Bau des Teltowkanals handelt, der südlich von Berlin von der Unterhavel bei Klein-Glienicke abzweigt und über Kleinmachnow und Teltow zur Dahme bei Grünau führt.

Der wohl beste Kenner der Geschichte der Berliner Wasserstraßen, Hans-Joachim Uhlemann, beschreibt die geographische Konzeption des Baus und die technischen Schwierigkeiten, die bei diesem Großprojekt zutage traten:

Es entstand [in den siebziger Jahren des 19. Jhs.] der Gedanke, das Berliner Stadtgebiet im Zuge der Verbindung Oder – Spree – Untere Havel – Elbe südlich der Stadt zu umgehen. Folgende Gesichtspunkte zwangen zu diesen Überlegungen:

- ▸ *der starke innerstädtische Verkehr auf der Spree, der auch durch die Inbetriebnahme des Landwehrkanals nicht spürbar entlastet werden konnte,*
- ▸ *die großen Zeitverluste beim Passieren der Schleusen (Charlottenburg und Mühlendammschleuse in der Spree, Ober- und Unterschleuse im Landwehrkanal) und der teilweise sehr engen Stadtdurchfahrten,*
- ▸ *die Wegeverkürzung bei Verkehr zwischen Elbe und Oder um rund 16 km.*

Alle diesbezüglichen Projekte kamen aber nicht zur Ausführung. Den eigentlichen Anstoß zum Bau des Teltowkanals gaben wasserwirtschaftliche Interessen, die darin bestanden, den südlich und südwestlich von Berlin gelegenen Ortschaften des Kreises Teltow einen wirksamen Vorfluter zu schaffen. Diese Interessen des Kreises Teltow wurden mit den oben genannten Schifffahrtsinteressen verknüpft und ergaben so das Projekt des Teltowkanals. Hinzu kam noch, dass die ständig wachsende

Industrie im Kreis Teltow selbst nach einer leistungsfähigen Wasserstraße verlangte.

Wie bei allen Kanalneubauten beanspruchten die Erdarbeiten den größten Anteil von allen beteiligten Gewerken. Während diese Arbeiten auf dem Gebiet von Zehlendorf im wesentlichen unproblematisch verliefen (überwiegend Trockenbaggerung bei mehr oder minder grosser Wasserhaltung), gestaltete sich der Aushub im Bereich des Beketales und damit auch in der Gegend von Teltow und Kleinmachnow äußerst schwierig. Der hier überwiegend anstehende kalk- und mergeldurchsetzte Schlamm machte schon die Fixierung des Kanalprofils zu einem großen Problem. So wurden erst die Leinpfaddämme aus rolligem Material geschüttet, das man an den höher gelegenen Talrändern gewann (...) Ein großer Teil der Arbeiten in den oberen Schichten wurde in mühseliger Handarbeit ausgeführt. Dieser Vorgang ist sehr wahrscheinlich hier im Bild festgehalten.

Bei dem relativ großen Gebäude in direkter Verlängerung der rechten Gleise könnte es sich demnach um den (Roh-)Bau der im Westen gelegenen Unterhäupter der Machnower Schleusen handeln, bei denen neben den Schleusentoren ein etwas höheres Haupthaus errichtet wurde.

Deutlich zu erkennen sind die Spuntpfeiler links im Bild.

Uhlemann führt weiter aus: *Der erste Spatenstich für den Kanal erfolgte am 22. Dezember 1900 im Schlosspark Babelsberg. Die eigentlichen Bauarbeiten begannen dann im April 1901. Zeitweise waren bis zu 2550 Arbeiter beschäftigt. Die Einweihung des Kanals durch Kaiser Wilhelm II. erfolgte am 2. Juni 1906.*

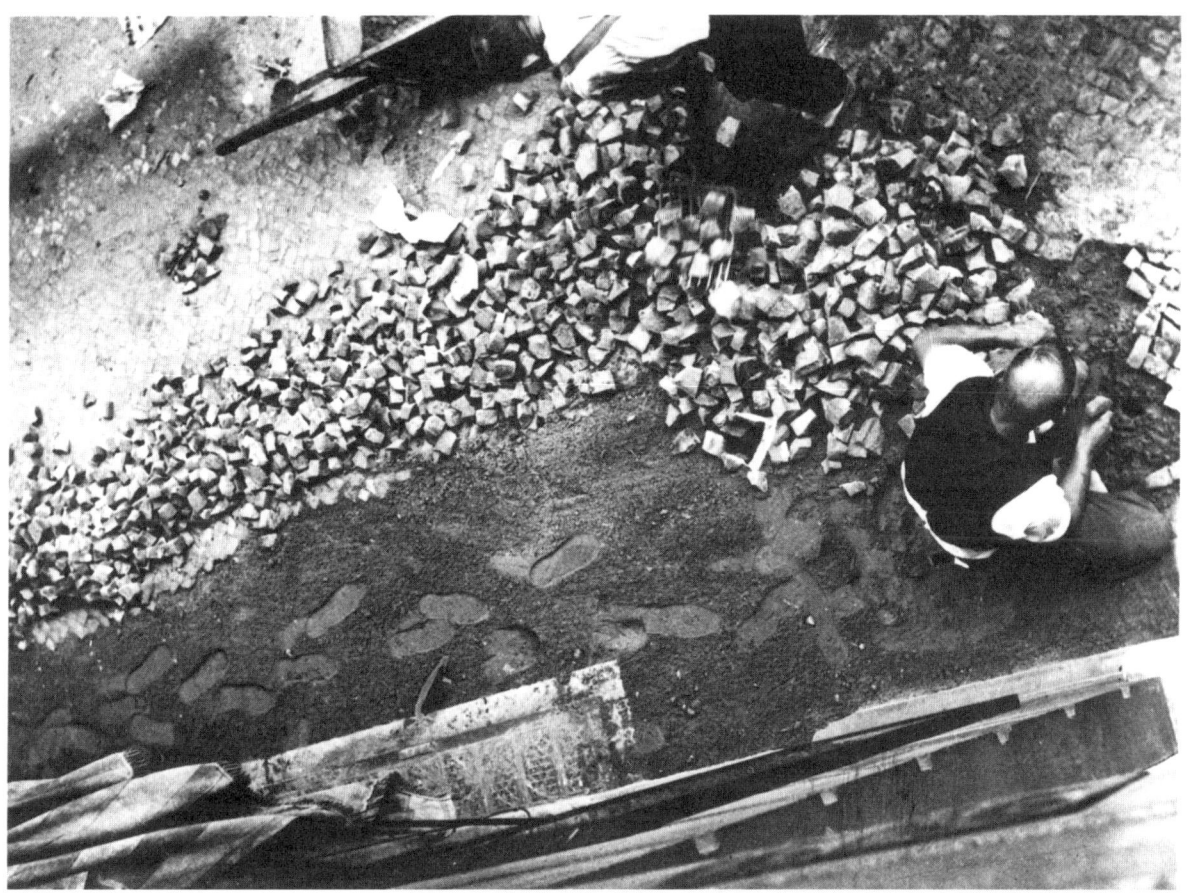

»In den ersten Jahrzehnten des 19. Jahrhunderts waren lediglich die Straßen, auf denen königliche Wagen zu verkehren pflegten, einigermaßen gut und eben gepflastert und hatten zwischen Fahrdamm und Bürgersteig die geforderten Rinnsteine, die eine tiefe Rinne bildeten und Abwässer, Abfälle, Unrat usw. aus den Häusern sammelten und in die Spree führten.«*

Berlin · Blick von der Siegessäule auf Hansaviertel

Auf der Briefmarke, längs: Luftbrücke 1948–1949

21.5.59

»Dies ist das neue Tiergartenviertel. / Genau wo das l[inke] Wohnhoch-
haus steht, war / Altonaerstr. 37. Wie schade, daß Du mich nicht / auf
meinen Stadtwanderungen begleiten kannst. / Ich erinnere mich an so
manche Einzelheit. In / der Brückenallee redete mich eine ältere / Dame
an »Wohnten Sie nicht einmal hier?« / Was ich ihr bejahte u. sie dann
auch / nach dem kleinen Mädchen fragte. Sie / hat uns nie gesprochen;
es taucht ihr / nur als ein Erinnerungsbild auf. Ich habe / mich über diese
Begegnung gefreut Sonst // ist wie das Bild zeigt, alles / neu – bis auf
die S-Bahn. Gruß«

44

Stalinallee, 1956

»Es muß über das ganze große Gebiet, das dazu bestimmt ist, das zu-
künftige Gross-Berlin aufzunehmen, ein Bebauungsplan gesetzlich fest-
gelegt werden, welcher nur die notwendigen großen Straßenzüge bestimmt, und der außer Gartenanlagen und freien Plätzen noch große
Flächen von Bebauung freihält, dagegen die Ausfüllung des Netzes der
fortschreitenden Entwickelung überlässt. Das ideale Ziel muss sein – ideal, weil es erstrebt, aber nicht ganz erreicht werden kann –: aus dem ungeordneten Agglomerat von Häusern, Straßen und Plätzen, von Städten
und Dörfern, das Gross-Berlin zu werden droht, eine großzügig geplante,
künstlerisch gestaltete Großstadt zu schaffen.«*   Emanuel Heiman, 1906   45

Unterwegs mit einem Straßenbegeher, 2012

Zwischen 10 und 12 Kilometer täglich legt der Straßenbegeher in Spandau zurück. Er blickt nach rechts und er blickt nach links, immer wieder auch nach oben, in die Äste und Pylone, er geht mit leicht gesenktem Blick, gemessenen und bisweilen verzögerten Schritts. Er hält inne, wenn eine Schadstelle zu verzeichnen ist. Der Gehweg ist sein Terrain, die Straße sein Revier. Im langen Leben einer Straße gibt es nur eine kurze Spanne, in der sie makellos und ohne Schäden ist. Sobald sie benutzt, befahren und begangen wird, Regen, Hagel und Schnee darauf fallen, sobald das Wurzelwerk sich regt oder die Blätter und, seltener, die Äste fallen, ein frei laufendes Tier die andere Straßenseite nicht erreicht – tritt der Straßenbegeher auf den Plan. Er gehört zur Straße, ist Teil von ihr, ihr ständiger Begleiter, er ist der unermüdliche, ambulante Beobachter und Melder.

Fern von jeder asiatischen Weisheit ist sein Ziel der Weg. Ziel und Weg fallen für ihn zusammen. Weder verweilt er, noch geht er ziellos durch die Straßen. Er begnügt sich nicht mit Abschnitten; schöne An- und Aussichten interessieren ihn nicht. Er ist eine Instanz. Wie ein Förster für den ganzen Wald, so ist der Straßenbegeher für das gesamte Straßenland verantwortlich. Das Wort »Straßenland« klingt aus seinem Mund bedeutend: wie eine siedlungsgeographische Konstante, etwas sehr Großes, tendenziell Unendliches, eine immer willkommene Beute des Preußischen Fluchtliniengesetzes.

Ein riesiger geschuppter, schründiger, vielfach geflickter Schlangenbalg ist die Straße. Was und wer darüber hinfährt oder darauf geht, kümmert den Begeher nicht sonderlich. Er verzeichnet ihre Abdrücke und Spuren nur, wenn sie der dicken Haut bleibende Schäden zufügen. Seine Meldungen summieren sich über die Jahre zu einem amtlichen und objektiven Erinnerungsbuch meist anonymer und weitgehend getilgter Spuren. Sofern von dem Schaden nicht regelmäßig eine Fotografie gemacht und hinterlegt wird (was neuerdings im Bezirk Tempelhof üblich sein soll) und er behoben worden ist, existiert von dem einmal gewesenen Vorfall nur noch eine formelhaft verkürzte, standardisierte Aufzeichnung.

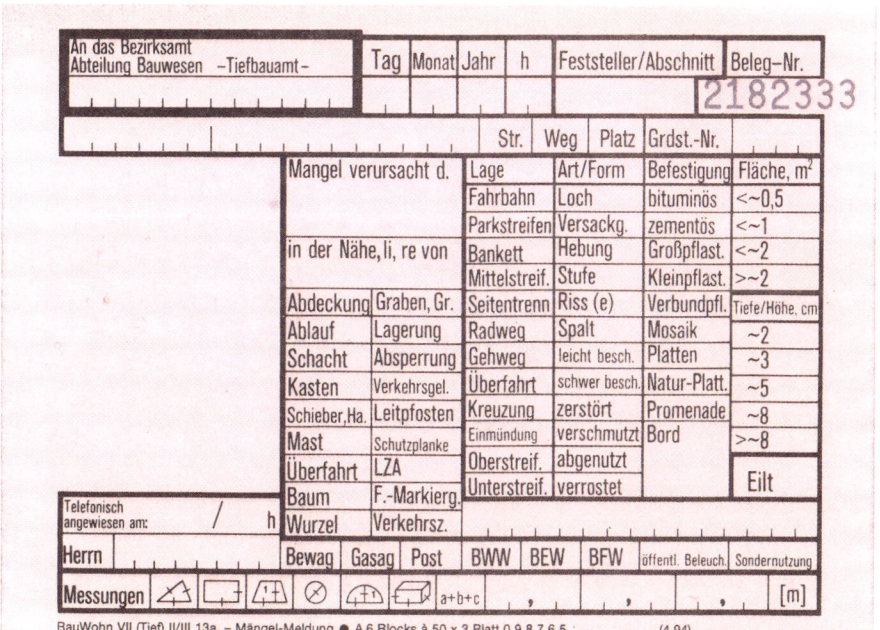

An das Bezirksamt Abteilung Bauwesen –Tiefbauamt–	Tag	Monat	Jahr	h	Feststeller/Abschnitt	Beleg–Nr. 2182333

			Str.	Weg	Platz	Grdst.-Nr.		

Mangel verursacht d.		Lage	Art/Form	Befestigung	Fläche, m²
		Fahrbahn	Loch	bituminös	<~0,5
		Parkstreifen	Versackg.	zementös	<~1
in der Nähe, li, re von		Bankett	Hebung	Großpflast.	<~2
		Mittelstreif.	Stufe	Kleinpflast.	>~2
Abdeckung	Graben, Gr.	Seitentrenn	Riss (e)	Verbundpfl.	Tiefe/Höhe, cm
Ablauf	Lagerung	Radweg	Spalt	Mosaik	~2
Schacht	Absperrung	Gehweg	leicht besch.	Platten	~3
Kasten	Verkehrsgel.	Überfahrt	schwer besch.	Natur-Platt.	~5
Schieber,Ha.	Leitpfosten	Kreuzung	zerstört	Promenade	~8
Mast	Schutzplanke	Einmündung	verschmutzt	Bord	>~8
Überfahrt	LZA	Oberstreif.	abgenutzt		Eilt
Baum	F.-Markierg.	Unterstreif.	verrostet		
Wurzel	Verkehrsz.				

Telefonisch angewiesen am: / h										
Herrn		Bewag	Gasag	Post	BWW	BEW	BFW	öffentl. Beleuch.	Sondernutzung	
Messungen	△ ⊟ ⊞ ⊗ ⊕ ⬠ a+b+c		,	,	,	.	[m]

BauWohn VII (Tief) II/III 13a. – Mängel-Meldung ● A 6 Blocks à 50 x 3 Blatt 0 9 8 7 6 5   (4.94)

In Erweiterung des Begriffspaars »Natür-
licher Feind« (Falke/Maus; Wasser/Buch)
könnte man im Fall der Straße vom
Baum, insbesondere dessen Wurzelwerk,
als dem natürlichen Feind sprechen. Und
mit einer gewissen Einschränkung auch
von den wuchtigen Nutzfahrzeugen der
Stadtreinigung, sobald sie auf die Geh-
wege bzw. die Gehwegplatten fahren.
Die Dialektik, dass derjenige, der das
Trottoir maschinell reinigt, dieses auch
beschädigt, entgeht dem Straßenbegeher
nicht; resignierend verweist er darauf,
doch seiner Sisyphosarbeit wird er un-
verdrossen nachgehen.

Tückischer noch als das Wurzelwerk
der Bäume sind die sogenannten »Wild-
wachsenden Großstadtpflanzen« – Leipziger Spaziergangswissenschaftler haben
diesen ebenso unauffälligen Gästen ein
schönes Handbuch gewidmet. Naturge-
mäß betrachtet der Straßenbegeher sie als ungebetene, saisonale Gäste
und die Feststellung der Promenadologen: »Die Verkehrswege der Stadt
sind ein äußerst schwieriges Terrain für Pflanzen«, würde er gerne an-
dersherum lesen, denn seiner Auffassung nach haben die dort nichts
verloren. Und wenn dann noch lobend hervorgehoben wird, es reiche
dem *Einjährigen Rispengras* »ein Minimum an Boden, um zu überleben;
zudem ist es elastisch genug, häufiges Betreten ohne Schaden überste-
hen zu können«, dann würde er am liebsten seinen Stift zücken und diese vegetabilische Überlebenskunst mit einem »Leider!« kommentieren.

Berlin ist wie keine zweite Stadt mit Bäumen überreich »gesegnet«. Für
einen fremdländischen Beobachter (z. B. aus Paris) drängt sich der Eindruck einer kultischen Verehrung des Straßenbaums auf, die so weit geht,
dass Bäume auch dort gepflanzt werden, wo sie den Blick auf die Gebäu-

de und das Profil des Straßenlands so beeinträchtigen, als wolle man sie durch Baumkulissen zum Verschwinden bringen. Als Beispiel sei hier die Charlottenburger Kantstraße genannt. Dort ist auf der ehemaligen Straßenbahntrasse in der Straßenmitte ein kleiner Wall – ein Damm quer zum Damm – errichtet worden, der mit schnell wachsenden, robusten Bäumen bepflanzt ist. Das Wurzelwerk ist aufgrund seiner unregelmäßigen, unberechenbaren und gewaltsamen Ausdehnung nur defensiv zu zernieren. Ein aktiver Eingriff, eine kappende Wurzelbehandlung ist für diese Bäume, die Straßenarbeiter unter den Stadtbäumen, zu aufwendig und zu kostspielig, andererseits darf ein Baum nicht einfach eliminiert werden, ist er doch für den Sauerstoffhaushalt und als »Schmuckelement« unverzichtbar. In jüngster Zeit ist man dazu übergegangen, die Wurzelscheiben um die Bäume zu vergrößern. Das schier Naturwüchsige, das mit dem Straßenpflaster und dem Asphalt Unvereinbare machen den

49

Bezirksamt - Straßenbaubehörde - Mängel-Meldung (07.02)
Vordruck Leitverlag GmbH Berlin, ZNL Freiberg

Bezirksamt	Tag	Monat	Jahr	Uhrzeit	Feststeller	Bereich	Beleg-Nr.
Straßenbaubehörde							**F 027384**
Straße							Nr.

Beschreibung / Skizze / ggf. Maße	Mangel verursacht d.		Lage	Art/Form	Befestigung	m²
			Fahrbahn	Loch	bituminös	< 0,25
	in der Nähe, li, re von		Parkstreifen	Versackung	zementös	< 0,50
			Bankett	Hebung	Großpflaster	< 1,00
	Abdeckung	Graben	Mittelstreifen	Stoßkante	Kleinpflaster	ca.
	Ablauf	Sondernutzung	Seitentrennstr.	Riss (e)	Betonpflaster	H/T cm
	Schacht	Absperrung	Radweg	Spalt / Fuge	Mosaik	< 2
	Kasten	Schutzgitter	Gehweg	beschädigt	K-Platten	< 3
	Schieber	Schutzplanke	Überfahrt	zerstört	Natur-Platten	< 5
	Hydrant	Pfosten	Kreuzung	verschmutzt	Promenade	ca.
	Überfahrt	LZA	Einmündung	abgenutzt	Bord/Kantst.	m
	Mast-Nr.:		Oberstreifen	verrostet		
	Baum-Nr.:		Unterstreifen	Wurzel	Strecke	m³
	VZ-Nr.:		Markierung	Schutt /Sperrmüll		

Auftrag an:	Telefonisch am:		Uhrzeit	erledigt am:	Uhrzeit	EILT !
Dritte:	Name:			Kurzzeichen		

Baum zu einem Störenfried, der zudem noch bei Unwetter mit Knickbruch und Entwurzelung schweres Ungemach bereiten kann.

Für die unmittelbare Behebung kleinerer Schäden steht dem Straßenbegeher ein ambulanter Dienst zur Verfügung: ein versierter Straßenarbeiter, der in seinem Pritschenwagen alle erforderlichen Utensilien,
Baustoffe und Werkzeuge bereithält, um einen akuten Schaden zu be-
heben. Eine Straßen-Ambulanz. Zu den häufig verabreichten Applika-
tionen gehört das »Emu«, eine zähe schwarze Bitumenmasse (eben eine
EMUlsion), die aufgetragen und verschmiert wird, wenn eine Zement-
platte zerbrochen ist oder eine Gehweglücke gefüllt werden muss.

Gegen den Hundekot in den Berliner Straßen aber ist der Straßenbegeher machtlos.

»MEIN MONSTERLATSCH«
Kleines Denkmal für den großen Oskar Huth

Lauf, lauf weg und
Stelle dich wenn sanfte Nacht
Wenn Tarnung möglich
Wenn anders du wir alle sind
Mit Kappen auf und mit Grimasse
Darunter Träume sind
Von grünem Dill und weißem Schnaps
Von Vorträgen in Instrumentenkunde
Von Sternen zweifach

ROLF HAUFS

Ende der 70er-Jahre sah ich in der Charlottenburger Kneipe »Zwiebel-fisch« des Öfteren einen auffällig korrekt gekleideten Herren, mit Fliege und Bügelfalte; seine lässige Gepflegtheit ignorierte die verlotterten Zeit-läufte *distinctively*; er hatte einen hellen, glatten, windgegerbten Teint, sein Menjoubärtchen ließ mich an einen »polnischen Aristokraten« denken. Er war ein inspirierter Trinker, unvergessen sein von höflichen Formen und Formeln gewürztes Auftreten, grundiert von einem milden, entrückten Lächeln. Blau blitzende Augen, melancholisch zerstreuter Blick, reservierte Zugeneigtheit. Seine gewählte, von überraschenden Arabesken gehöhte Sprechweise wirkte wie aus einem Jean-Paul'schen Roman herbeigewunken; er war auf vielen Gebieten, vor allem dem der Musik, dem des Instrumentenbaus und der graphischen Künste, unge-mein beschlagen. Gelegentlich konnte man glauben, er zitiere jemanden, den nicht zu kennen den Zuhörer in arge Verlegenheit brachte. Ganz of-fenbar kam dieser Mann aus einer anderen Zeit und einer anderen Welt: Oskar Huth, genannt »Hüthchen«, ein Diminutiv, das seltsamerweise

nicht zu seiner Verkleinerung, sondern nur noch mehr zu seiner zauberhaften Erscheinung beitrug. Dass er tatsächlich in einem ganz unmittelbaren Sinn aus der Zeit gefallen und auf ganz eigensinnige Weise einer schrecklichen Zeitfalle entkommen war, habe ich nach und nach erfahren. Seine Biographie, die er, von Alf Trenk aufgeschrieben und ediert, unter dem Titel *Überlebenslauf* erzählt hat, lässt sein Leben als ein souveränes Kunststück erscheinen, insofern es ihm gelang, in den Jahren größter Unfreiheit sich eine Freiheit in der Illegalität zu erringen und mit selbstverständlicher Generosität andere Verfolgte an den handwerklichen Früchten seines artistischen Eskapismus teilhaben zu lassen. 53

Mit starken Nerven und Witz, mit Mut und erfinderischer Geschicklichkeit hat er in sorgfältig präparierter Scheinlegalität die Kriegsjahre in Berlin überlebt. Nach Herkunft und Beruf (als Graphiker und Instrumentenbauer) hätte er eigentlich mit Verfolgung nicht zu rechnen gehabt, doch schon die ersten Berührungen mit dem »Barras« und dem dort herrschenden Kadavergehorsam erfüllten ihn mit solchem Abscheu, dass er 1939 beschloss – *für diese Firma nicht in den Krieg zu ziehen.*

Meine Freunde aber wollten mir diesen Entschluß um jeden Preis ausreden. Die Vornehmeren unter ihnen, die hielten sich etwas zurück, in der Art, daß sie nicht die Flezerei hatten wie viele andere, sondern glaubten: Es hat mehr Wirkung, wenn wir, die wir das Ganze auch so von der vitalen Seite her sehen, besser jetzt schweigen und den Trivialrednern das Wort lassen.

So ging das hin und her: »Na, dann sag uns doch mal, wie du den erste Ansatz machst –?«

»Also, wir rechnen dir vor: Du hast kein Dach über'm Kopf, du hast keine Nahrung, du mußt die Wäsche wechseln. Wann, glaubst du, wirst du gekriegt –?«

Ich sagte ihnen, ich werde versuchen, mich früher oder später autark zu machen.

»Autark –?« So ein Begrinsen. »Was meinst du damit? Keiner von uns kann dich aufnehmen! Du kannst bei uns vorbeikommen, wenn's mal schwierig wird. Aber du weißt doch auch, wo man dich suchen wird!«

…

Ich stellte mir vor, daß ich irgendwo in einem etwas ferneren Bekanntenkreis einen Menschen finden würde, der dem Zwang der Stunde gehorchen muß, einen schon halb illegalen (halb! Das muß ich betonen) Sitz aufzugeben, den ich dann in irgendeiner geträumten Art übernehmen könnte.

Meine Vorstellung war: Papiere sind das Wichtigste, was man braucht. Wenn ich ein Nest, einen Winkel finde, dann werde ich mir etwas einrichten, daß ich mir das Notwendigste drucken kann.

Als ihm Ende November 1941 der Einrufungsbefehl zugestellt wird, bricht für ihn eine neue Zeit an, die Zeit der sichtbaren Klandestinität. Der »Huth« wird zur Tarnkappe für ein »Haupt«: So lautet von nun an sein »umradierter« Name im Wehrpass und im Arbeitsbuch. Das ist sein wohltemperierter »Ansatz« – wie alles, was diesem Liebhaber der feinmechanischen Künste in die Finger kommt.

Nach einem beklemmenden Provisorium im Winter 1941, das ihn in verschiedenen Unterschlüpfen überleben läßt, findet er am 2. März 1942 eine Wohnung in der Dillenburger Straße 58f in Berlin-Wilmersdorf. Eine Freundin, die Modezeichnerin Käte Kausel, will sich, nachdem ihr Mann gefallen ist, mit ihrem kleinen Sohn ins thüringische Zeulenroda – *dahin, wo's schön ist* – evakuieren lassen.

Und Huth / Haupt, in der ihm eigenen paradoxen Weise ihr seine leibhaftige Unsichtbarkeit vor Augen führend, gesteht ihr in vertrauensvoller Schutzlosigkeit: *Ich bin schon weg. Ich lebe illegal.*

Sie überlässt ihm ihre Wohnung. *Das war überhaupt nur möglich, weil dort, wo jeder den anderen kennt, wo lauter kleine Nazis wohnten, alle Leute als »legal« galten. Jedenfalls per Augenschein. Ich bin da die ganze Zeit durchgelaufen.*

Erfindungsreich und mit großem Fingerspitzengefühl organisiert er fortan als ein der Not eben nicht nur »gehorchender« und die Entbehrungen überlistender Fälscher sein eigenes Leben, und es ist diese Fertigkeit und die fast wundersame, ambulante Sesshaftigkeit, welche ihn unter der Hand zum Gegner des Systems werden lassen: *Am Anfang der Illegalität hatte ich überhaupt keine Vorstellung, daß ich irgendeine Art von Widerstand ausüben oder in solchem Zusammenhang irgendjemand mal nützlich sein könnte. Ich hatt' auch nicht die Vorstellung, durch Widerstand etwas am Getriebe ändern zu können. Am Anfang war die Vorstellung: »Ich werde mir selber helfen, solange ich kann.«*

Der versierte Graveur und Drucker schafft ein Surplus, versorgt zunächst sich selbst und bald auch andere mit eisernen Rationen fürs Überleben in dem militärisch-bürokratischen Staat: *Die Arbeitspapiere mußten angepaßt sein, denn Reisemarken bekam ja nur der, dessen Tätigkeit damit verbunden war, bisweilen auch die Stadt zu verlassen. Jetzt begann eine Zeit, die ich nicht projektiert hatte, in der ich aber doch anderen illegal Lebenden nützlich werden konnte. Es galt, einfache*

Wege zu finden, den Leuten mit kleinen Mengen Lebensmitteln zu helfen oder, wenn es möglich war, auch mit Papieren, um sich ortsverändern zu können. Denn die Aufenthalte der untergetauchten Leute waren ja zeitlich immer ungewiß

Oskar fabriziert Pässe und andere unentbehrliche amtliche Papiere, so für einen der Mitverschwörer des 20. Juli, den Offizier Ludwig von Hammerstein, dem er in autarker Ermächtigung die Stichworte für eine neue Vita und einen neuen Beruf verpasst. Man muss die bürokratische Verschrobenheit und die Deutschtümelei dieses Regimes nur ironisch zu lesen verstehen, um, wie Oskar, aus einem flüchtigen Offizier einen unbescholtenen Botaniker zu machen: *Er hatte dann den schlauen Einfall, er sagte, wir machen Sie am besten zum Auslandsdeutschen, Sie sind irgendwo in Südamerika geboren, dann kennen Sie die deutschen Verhältnisse nicht so genau und außerdem haben solche Leute immer so 'n bisschen Sonderstatus.*

Im Keller seines Mietshauses produziert er auf einer unter abenteuerlichen Umständen herbeigeschafften Druckmaschine Buttermarken. Seinen eigenen aufgefrischten Papieren zufolge ist er offiziell als wissenschaftlicher Zeichner am Botanischen Museum in Dahlem angestellt und als unabkömmlich eingestuft – ein Zustand, der so lange währt, wie er nicht von den unentwegt durch die Stadt streunenden »Kettenhunde« (Feldjägern) überprüft oder aus schierer Unachtsamkeit auffällig würde.

Einen Großteil seiner Zeit verbringt er damit, auf langen Wanderungen durch die Stadt an versteckt lebende Illegale Butter und Papiere zu verteilen. Die Empfänger seiner Gaben will er nie näher kennenlernen.

Er macht es sich zur festen Regel, alle Wege durch die Stadt *zu Fuß* zurückzulegen: *In dieser Zeit habe ich mich niemals den öffentlichen Verkehrsmitteln überantwortet*, diese sind so etwas wie der natürliche Feind des Großstadtindianers. Er braucht den Boden unter seinen Füßen, den Asphalt ebenso wie die vielen verschlungenen, bisweilen ländlich anmutenden Wege durch das ausgedehnte, unvermutet ins Grüne und in die Brache ausufernde Groß-Berlin. Und wie den festen Boden braucht er den freien Himmel über sich. In Bahn und Bus wird man im Zeitalter der Angst und des Misstrauens schnell auffällig und kann sich nur schwer entziehen. (Diese Angewohnheit, jegliches Verkehrsmittel zu meiden, hat er sich ein Leben lang bewahrt; so kam es nicht selten vor, dass er nächtens vom »Zwiebelfisch« am Savignyplatz nach Kreuzberg walzte.)

Das ausgedehnte, städtisch überformte, landschaftliche Berlin war die Bühne, auf welcher der Wanderer als »unabkömmlicher«, ziviler Passant zu agieren wusste – mit einem untrüglichen Sinn für das vielgestaltige und schützende Fließbild des Alltags und einer Witterung für die allgegenwärtige Gefahr in der polizeilich und militärisch gebeutelten, rüden Stadt.

Besser noch als der Jäger kennt der Wilderer das Revier, selbst wenn er keiner Beute nachstellt, sondern einfach die von ihm allein verwaltete, autarke Zeit und sein riesiges Bewegungsfeld nach eigenem Gutdünken organisieren und improvisieren will. Den Takt seiner langen Fußmärsche – *meinen monsterhaften Latsch* – und der rechtzeitig aufzusuchenden Verstecke bestimmt ohnehin der über die Stadt verhängte Krieg: *Man konnte sich auf die Einflüge und Zeit der Alarme verlassen.*

Einmal gerät er wegen eines plötzlichen Bombenalarms in die Zwickmühle zwischen Gehorchen und Reißausnehmen. Mit einem einzigen, geistesgegenwärtig aus dem Stadtraum selbst herbeigelogenen Satz – einem Einfall, den ihm die Vorsehung selbst diktiert hat – packt Hüthchen das Dilemma bei den Hörnern. *Ich komme von Weißensee, über die Landsberger Allee und dann durch die Landsberger Straße, die führt direkt auf den Alexanderplatz. Als ich am Eckhaus zum Platz bin, stelle ich mich in den Hausflur. Und es prasselt die Flak, und die Splitter gehen runter: Tak-tak-tak-tak tak!*

Da flitzt so ein Luftschutzwart herum und sagt: »In den Keller! In den Keller!«

Es durfte ja bei Alarm keiner auf der Straße sein. Der Luftschutzwart konnte dich anhalten und zwingen, in den Keller zu gehen. Das wollte ich aber auf keinen Fall, denn da konnten ja welche sein, die meinen Papieren nicht trauten oder sich sagten: Wie kommt's, daß so ein junger Mensch noch nicht eingezogen ist?

Die Keller, deren Zugänge von den weiß gezeichneten Pfeilen mit der
Aufschrift LSR [Luftschutzraum] entlang der Häusersockel wie von
erstarrten Blitzen umzingelt werden – so sehe ich sie noch auf meinen ersten Besuchen an der Hand meiner Mutter im kriegszerstörten
Nürnberg –, diese Keller sind für Oskar kein Schutzraum, sie sind noch
gefährlicher als die öffentlichen Verkehrsmittel; sie lähmen die Bewegungsfreiheit und drohen den vielgestaltigen, autarken Raum, den er
sich Schritt für Schritt täglich neu erobert, ausweglos zu machen – eine
Falle, die es unter allen Umständen zu umgehen gilt.

Diese Episode enthüllt in nuce Oskar Huths Lebensstrategie und sein
ebenso eigenwillges dynamisches Raumverständnis. Er pirscht durch
die Stadt, er weiß, dass er jeden Augenblick überrascht und, wenn
auch nicht »auf frischer Tat« ertappt, so doch als falscher Spaziergän-
ger enttarnt werden kann. Im Augenblick der höchsten Gefahr – und
nur dann – wird er zum Spieler und wagt den höchsten Einsatz. Die

nicht enden wollenden Straßen und Wege Berlins bieten ihm die Kulissen und die Bühne, die er besser kennt als jeder andere, weil er sie mit den Augen seiner Feinde wahrgenommen und sich zu eigen gemacht hat. Im Gehen, in Oskar Huths unausgesetztem Gang – in seinem »Monsterlatsch« – gibt sich diese Agglomeration in ihrer ganzen zerstreuten Ausgedehntheit und in ihrem lediglich verwaltungsmäßigen Zusammenhalt zu erkennen. Was vom Ring (der S-Bahn), von den Radialen der Verkehrsstraßen gebündelt und tendenziell verdichtet und beschleunigt wird, zerfällt und verlangsamt sich unter dem Schritt des Gehenden. Die Stadt, könnte man sagen, wird *unterlaufen*.

Oskar *hintergeht* dieses Netzwerk; er verkörpert in getarnter Normalität als Angestellter (!) und gewissermaßen antizyklisch zu motorisiertem Fortschritt und mechanischer Fortbewegung so etwas wie den Trapper, den Wanderer; er durchstreift aber nicht nur einen anderen, älteren, vortechnischen städtischen (Straßen-)Raum, sondern auch eine andere Zeit und ist, in dieser Gestalt und Bewegungsform, durchaus verwandt der geheimnisvollen DL aus Thomas Pynchons *Vineland*: Wie diese beherrscht er das *Kasumi*, die Fähigkeit, Nebel zu werden, oder in Huths eigenen Worten: *Ich bin schon weg.*

Ich wollte mich solchen Kontrollen nur unterwerfen, wenn es absolut unumgänglich war. Und sagte deshalb dem Luftschutzwart: »Ich bin ja gleich da, bin ja schon fast zuhause.«

Der aber hatte nun Schiß und verschwand im Keller. So! Der Luftschutzwart ist weg und ich wurde jetzt gefangen von einer Überzeugung: »Du musst jetzt über den Alexanderplatz – wenn das klickt und klackt, du musst jetzt rüber. Da musst du Deckung nehmen, wo kein Mensch mehr ist, unter dem Bahnviadukt.

Ich faß' mir also ein Herz und renne über den Alexanderplatz.

Und wie ich den Viadukt erreicht habe, spüre ich einen Zwang in mir, auf dieses Haus zu gucken. Da geht eine Bombe runter, und alles ist im Arsch…

Berlin, das in der ersten Halbzeit des NS sich ständig camouflierte, mit Festschmuck verkleidete, sich aufputzte und dicke machte, dieses Berlin verschwindet mit einem Mal unter Tarnnetzen, hüllt sich in künstlich verordnete Dunkelheit, macht sich jetzt mause und will über der Erde vom Erdboden verschwinden. Diese Camouflage lässt ein vorzeitliches »Berlin« wiederaufleben, vegetabilisch gemusterte Draperien legen sich über die bedrohte Stadt, ein geologisches Trompe-l'Œil soll Rettung bringen. Doch die Stadt wird nicht ins Urstromtal zurückgleiten – es sei denn, sie wird so entleert und entvölkert, zerbombt und planiert, dass tatsächlich, kurze Zeit nach dem Ende des Krieges, der Plan eines (abermals!) Neuen Berlin sich an der Gestalt des Urstromtals orientieren wird und auch noch das auslöschen will, was von der Zerstörung übrig geblieben ist.

Der Tiergarten sah damals sehr sonderbar aus und war von einem merkwürdigen Gestank erfüllt, weil die verbreiterte Straße von den Linden an mit Tarnnetzen überspannt war. Diese Tarnnetze stanken fürchterlich.

Der Getarnte meidet die offizielle Tarnung – sie widert ihn an.

Seine Gefährtin in den letzten Kriegsjahren war die Modezeichnerin und spätere Kinderbuchautorin Ilse Vogel. 1992 hat sie in dem Erinnerungsbuch über ihre Berliner Kriegsjahre – *Bad Times, Good Friends* – Oskar ein bewegendes Denkmal gesetzt. Tollkühne Furchtlosigkeit war bei Oskar gepaart mit einer jederzeit aufflackernden Melomanie, als wollte er in eigener Person, leibhaftig, Freiligraths Satz *Musik, Musik, kann Euch vom Tod erlösen* in den Augenblicken der Gefahr bekräftigen.

Während eines sonntäglichen Spaziergangs über den Kurfürstendamm, vorbei an bombenzerstörten, unbedachten Häusern, ruft Oskar aus: »*Erinnerst du dich an Görings Versprechen bei Kriegsbeginn? Er hat geprahlt, ›Ich soll* Meier *heißen, wenn jemals eine Bombe auf Deutschland fällt‹.*«

Wir lachten – obwohl es wahrhaftig nicht zum Lachen war.

»Guck mal!« Oskar blieb plötzlich vor einem Haus stehen. »Guck doch!« sagte er noch einmal, »sieht aus wie ein Puppenhaus.«

Tatsächlich war nur die Fassade abgesprengt, sodaß man in sämtliche Zimmer blicken konnte. Sie schienen vollkommen in Ordnung, die Möbel waren an ihrem Platz, selbst die Bilder und Spiegel hingen noch an der Wand. Oskar war aufs Höchste erregt.

»Sieh' doch«, sagte er, »ein großer Flügel in der dritten Etage. Ich wette, es ist ein Bechstein!«

Und ehe Ilse sich versieht, ist Oskar schon im Haus, eilt die drei Stockwerke hoch und setzt sich an den Flügel und spielt für Ilse, die an diesem Sonntagmorgen drunten auf der großen Straße steht, den Walzer aus dem *Rosenkavalier* von Richard Strauss.

Ein anderes Mal berichtet sie von einem seiner weitesten Märsche zu einem Zeitpunkt, als die Rote Armee bereits unmittelbar vor Berlin stand. In *Frauenkleidern* verlässt er seinen Unterschlupf in Wilmersdorf, weil er als junger Zivilist unweigerlich festgehalten und zum Volkssturm zwangsverpflichtet worden wäre. Zusammen mit Ilse tauscht er unerkannt noch einmal an verschiedenen Stellen die Butter- und Brotmarken ein: *Als alle Marken eingetauscht waren, ging ich nach Hause,* schreibt Ilse Vogel. *Aber Oskar wollte die Lebensmittel sofort an seine Freunde verteilen. Sie waren über das ganze Stadtgebiet verstreut. Einige lebten in Vororten in winzigen Hütten in Schrebergartensiedlungen, wo sie sich notdürftig mit Obst, Tomaten und Kartoffeln versorgten.*

Am späten Nachmittag kam Oskar nach Hause.

»Ich bin sicher, das war das letzte Mal, daß ich diesen armen Teufeln etwas bringen kann«, sagte er.

Ihre Stimmung, erzählt Oskar, sei eine Mischung aus Freude und Angst gewesen, weil sie die näher kommende Front *hören* konnten. Und wie alle wussten sie nicht, ob dies das Ende des Schreckens und der Anfang von etwas Wunderbarem sein würde.

Was ihn selbst am meisten bedrückte, war der Umstand, als Frau verkleidet, gewissermaßen in doppelter Tarnung, seine geheime Mission durchführen zu müssen, vorbei an Flüchtenden, die schon von Osten her in die Stadt einsickerten, vorbei an Kolonnen von russischen Kriegsgefangenen, vorbei an verbitterten alten und strahlenden jungen Volkssturmleuten.

Im Raum der mobilen Geographie des Krieges bewegt sich Oskar gleichzeitig als Bote, Späher und Kundschafter in eigener Sache; sein Feind sind das permanente Misstrauen und die Denunziationslust seiner Landsleute. Allein im Vertrauen auf seine beängstigend genaue Einfühlungsgabe – als habe er das musikalische Feingehör des Klavierstimmers in die Sphäre der zwischenmenschlichen Töne übertragen können – und mithilfe der nur resoluten Stadtwanderern zugänglichen Wegekenntnisse gelingt es ihm, die Stadt zu unterwandern. Wenn es so etwas wie eine *Kunst, sich zu verlaufen* gibt, dann ist Berlin der ideale Ort, der Krieg die schrecklich angemessene Zeit und Oskar der perfekte Wanderkünstler für diese entsagungsvolle Disziplin.

EINST SAH ICH ALLES IN UMRISSEN NUR, IN SILHOUETTEN, ALS SCHERENSCHNEIDER

Schlafwandlerin, hellwach – Gertrud Kolmar

*Ich bemühe mich übrigens, meiner hiesigen »landschaftlichen« oder viel-
mehr »unlandschaftlichen« Umgebung Teilnahme zu erweisen, jedoch
gelingt es mir nicht. Ich ging vorgestern die Martin-Luther-, dann die
Neue Winterfeldtstraße entlang. Straßen also, die ich noch wenig kenne.
Ich bemerkte plötzlich etwas verdutzt, daß ich, entgegen meinen früheren
Gewohnheiten, die Häuser, die Läden, die Menschen, die mir begegnen,
eigentlich gar nicht erblicke. »Du musst aufmerken, acht geben«, befahl
ich mir selbst. Schön. Fünf Minuten später hörte das Sehen schon wieder
auf, war mein Blick gleichsam nach innen gekehrt, wie in der Schulstun-
de bei einem verträumten, unaufmerksamen Schüler. Nun werden wir
bald ein halbes Jahr hier sein, und ich bringe es einfach nicht fertig, zu
dieser Gegend in ein Verhältnis – ein erträgliches oder unerträgliches –
zu kommen; ich bin hier so fremd wie am ersten Tag. Vielleicht liegt das
auch an dem Unpersönlichen, dem Wesenlosen dieses Gebiets; wenn wir
in einem anderen Teile Berlins wohnten, würd' es am Ende anders sein;
aber möglicherweise kann ich mich an das Leben in einer sehr großen
und naturfernen Stadt überhaupt schon nicht mehr gewöhnen... Auch
wenn ich dort geboren bin. Alte Bäume verpflanzt man nicht mehr.*

Im Mai 1939 schreibt die Dichterin Gertrud Kolmar, die sich seit 1933
wieder Gertrud Sara Chodziesner nennen muss, an ihre jüngere Schwester Hilde in der Schweiz; und was dem unbefangenen Blick wie eine melancholische, stadtmüde Betrachtung erscheint, ist eine diskret codierte,
die Zensur unterlaufende Mitteilung, in der die zunehmend bedrücken-
den Lebensumstände in der »Judenstadt« (im Bayerischen Viertel) ge-
schildert werden, in der sie nach dem Zwangsverkauf des Hauses im
ländlichen Finkenkrug (westlich von Spandau) mit ihrem Vater leben

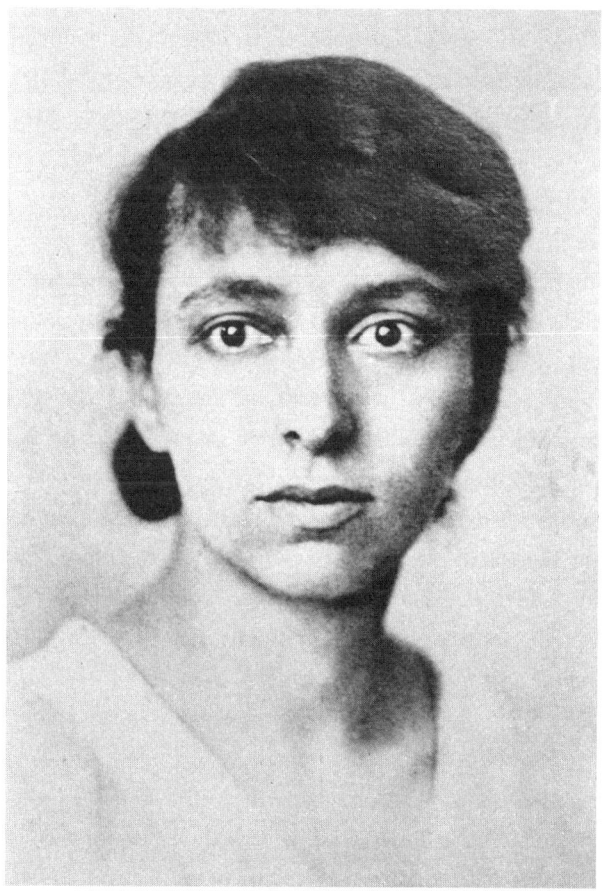

muss. Pläne für eine Emigration haben sich zerschlagen, weil sie fürch-
tet, den Vater allein zurücklassen zu müssen. Ab 1941 zur Zwangsarbeit
verpflichtet, wird sie im Rahmen der sogenannten »Fabrikaktion« im
Februar 1943 nach Auschwitz deportiert und dort ermordet.

In dem hier zitierten Brief läuft sie durch ein ihr »gänzlich unbekann-
tes Berlin« (wie es in dem Gedicht von Ernst Blass heißt), das sie nicht
sehen will, weil sie selbst, durch den Judenstern öffentlich bloßgestellt,
nicht gesehen werden will. Doch es ist weniger die Bewegung durch die
unwirtliche Stadt als vielmehr der Ton und ein bestimmtes Vokabular,
welche an ein *Traumprotokoll* denken lassen. Und tatsächlich ist es ja
ein Albtraum, in der eigenen Stadt enteignet, aus dem angestammten

Bezirk vertrieben und anderswo eingepfercht, in eine städtische »Unlandschaft« versetzt zu werden. Im Schreiben gelingt es ihr, sich dieses bedrohliche Berlin vom Leib zu halten, das sehr bald den seit 1933 verwaltungsmäßig erklärten Bürgerkrieg gegen die deutsche Judenheit von Jahr zu Jahr verschärft.

Lange Jahre hat sie mit dem Rücken zu dieser Stadt gelebt (und darin im Gestus der Stadt selbst verwandt, die mit dem Rücken zum Fluss gebaut ist). Sie geht ihren »Weg nach innen«, in die Dichtung; was sie von der äußeren Stadt wahrnimmt, ist eine Stadt, die nicht (mehr) die ihre ist. *Das Spazierengehen in den Straßen hier ist nichts für mich... Wenn das vielleicht Jahre hindurch so fortgehn soll... Aber die Zukunft ist dunkel*, schreibt sie zehn Tage nach dem Überfall Deutschlands auf Polen. Und wenige Tage später: *Ich schrieb Dir wohl schon einmal von meinem Gefühl der Unwirklichkeit unseres Berliner Lebens; auch dieses vermag meine »detachierte« Haltung zu fördern. Es ist inzwischen noch stärker, noch bannender geworden, und besonders außer dem Hause, auf der Straße habe ich oft ein Empfinden von Betäubung, Benommenheit und sehne mich – vergeblich – danach zu erwachen.*

Im Bild vom Strom, mit dem sie Berlin und jene, die von hier fortziehen, vergleicht, sieht sie sich als Verharrende, Abgeschiedene. *Wenn ein Großteil der Menschen im allgemeinen Strome mitschwimmt, ist es nur natürlich, daß, wer sich nicht auch in die Fluten stürzt, ziemlich einsam am Ufer zurückbleibt. Ja, die Vereinsamung ist um so größer, je mehr Bekannte, Freunde, Verwandte der Zurückbleibende hat.* Ihr einziges »Privatvergnügen« ist das Schreiben, das sie mit unversiegbarer Kraft verfolgt. Sie sucht und findet Fixpunkte im Binnenraum der Stadt, wo sie die wurzellose Stadt ausblenden, von sich abrücken kann. Sie selbst hat ja faktisch keine Möglichkeit, sich zu entziehen, aber sie wurzelt in einer anderen Zeit.

In dieser unpersönlichen, wesenlosen Stadt gibt es einen einzigen, fast exzentrischen Ort, den sie seit Jahrzehnten nicht mehr gesehen und betreten hat: das Haus ihrer Kindheit und Jugend in der Ahornallee in

Westend. An einem Sonntag Ende Januar 1940 bricht sie von Schöneberg

in den Westen auf, um einen Bekanntenbesuch zu machen – doch außer der knappen Erwähnung wird von diesen Menschen im Brief nicht
mehr die Rede sein, stattdessen greift sie zu der ungewöhnlichen Wen-
dung, sie wolle ihre eigenen Eindrücke *auf frischer Tat ertappen*, so hef-
tig, ja überfallartig beschäftigt sie das Wiedersehen mit diesem Haus.

Gemessen an der bedrängenden Gegenwart ist dieses Haus fast ein
»prähistorischer« Ort, den sie von 1896 bis 1920 bewohnt hat. Nach einer minutiösen Beschreibung der Nachbarschaft nähert sie sich dem
Grundstück – und wieder kann man sich des Eindrucks nicht erwehren,
sie schildere einen Traum, als sehe sie sich selbst in den Dingen wider-

gespiegelt – und älter geworden: *Unser Haus… Es sieht älter, schmuddeliger, etwas verwahrloster aus, gleichsam ergraut, erscheint aber sonst unverändert. Selbst das Thermometer außen am Wohnstubenfenster hängt noch da. Der Zaun, der schon damals nicht mehr der Jüngste war, ist seither noch wackliger geworden und ganz verrostet. Unter dem alten Glockendach fehlte die Glocke, die Tür stand weit offen und –* und der Leser stockt, weil er aufgrund der ungewöhnlich ausführlichen Lagebeschreibung spürt, dass das Anwesen eine seltsame Verwandlung erfahren hat *– am Eingang zeigt eine Tafel an: »Polizeirevier«.* Mit sicherem Gespür für die wachsende Spannung fährt sie fort: *Ich überlegte einige Augenblicke, dann trat ich ein.* Doch sie betritt nicht, noch nicht das Haus, sondern den großen Garten und registriert – im Scherenschnitt eines Wintertages – die langjährige Veränderung des Gartens, hält Erinnerungstäuschungen fest, rückt die auffälligen Verschiebungen in dem überkommenen Bild zurecht und ist schon im Begriff, das Grundstück wieder zu verlassen, *als mir einfiel, daß ja die Räume der Polizei dem Publikum offen ständen und daß ich es einmal wagen wollte… Im schlimmsten Falle würde man mich hinausweisen.* Man ahnt, welchen Mut sie aufbringen muss, wie stark die Neugierde und die Sehnsucht sind, das Innere des Hauses nach so langer Zeit wieder zu sehen, zu betreten, sich umzusehen, es mit allen Sinnen noch einmal zu erfassen.

Tatsächlich bezeugt der Hausmeister, ihren Namen aus den Papieren zu kennen, eine Art Notbürge, der den Beamten ihr insoweit gewogen stimmt, dass er der Erinnerungssuchenden tatsächlich die Räume des Hauses zeigt. Ein seltsames, beunruhigend stilles Bild: Ein Berliner Polizeibeamter führt im Kriegsjahr 1940 eine Jüdin durch ihr ehemaliges Haus, ohne dass es zu irgendeinem Zwischenfall, einem behördlichen »Vorgang« kommt. Die Zeit scheint für einige Augenblicke wie aufgehoben. Gertrud Kolmar sieht sich um und vergleicht. Und verblüffenderweise ist es gerade die ernüchternde Verbeamtung der ehemals privaten Räume, die es ihr erlaubt, die geliebten Erinnerungen unversehrt zu bewahren. *Zwischen diesen Amtsstuben aber und unseren Zimmern ließ eigentlich gar kein Vergleich sich ziehn; sie waren ein Unvergleichbares, Neues und ließen jede Erinnerung an die einstige Wohnung un-*

angetastet. In diese kahlen, nüchternen Räume konnte mein Gedächtnis ohne weiteres wieder die alten Möbel hineinstellen. Das »unpersönliche«, »wesenlose« Berlin ist, durch ihre eigene Initiative, ein Mal, für einen Tag besiegt worden. Sie kann sich umblicken, sie kann es ertragen, angeschaut zu werden, sie hat ihre *unsägliche Traurigkeit* für diesen Tag überwunden und darüber hinaus vermocht, dieses Glück dem Brief an die Schwester in der fernen Schweiz anzuvertrauen.

Nach und nach wird ihre kleine Bewegungsfreiheit eingeschränkt, schließlich wird sie für die Zwangsarbeit, zunächst im entfernteren Lichtenberg, dann in Wilmersdorf, rekrutiert. Nun bleiben ihr für das eigene Schreiben nur noch die frühen Morgenstunden vor dem Aufbruch in die Fabrik. In einem ihrer letzten Briefe vom 20. Februar 1943 hält sie, auf dem Weg in die Kartonagefabrik, wie eine Epiphanie das frühe Licht auf ihrem *Morgenspaziergang* fest. Der Anblick der Stadt bewirkt eine augenblickliche Entrückung, eine Durchsichtigkeit, so rückhaltlos, als könne ihr der aufgezwungene Alltag nichts anhaben: *Ganz ohne Freuden bin ich freilich nicht. Die eine ist mein Morgenspaziergang. Jetzt geht schon die Sonne auf, wenn ich losziehe. Und dann ist es wunderschön, am Ende der Pariser Straße sich umzudrehn und rückschauend die Ludwigskirche auf einem Grunde zart abgesetzter Carmoisin- und Fliederfarben zu erblicken. Einst sah ich alles in Umrissen nur, in Silhouetten, als Scherenschneider. Malerisch sehen, das habe ich erst in Hamburg gelernt, am Landschaftskranz um das Alsterbecken. Wenn der Abend einen malvenfarbenen Himmel über das Wasser zauberte, sah am jenseitigen Ufer das Uhlenhorster Fährhaus mit seinen ersten Lichtern aus wie ein verwunschenes Schloß. Und Schwäne zogen vorüber, suchten die Ruhestatt … Kennst Du vielleicht aus dem Blauen Buch »Der stille Garten« – den »Morgen« von Runge? Er hängt, wie die herrlichen Bilder von Caspar David Friedrich, in der Hamburger Kunsthalle. Ich betrachtete ihn, nachdem ich ihn schon öfters gesehen hatte, an einem grauen Tage und war entzückt: In dieser Trübe leuchtete er mit ganz eigenem unbeschreiblichem Schimmer. Mit unnennbar süßen Farben … ich vergaß das bis heute nicht …*

* * *

1927 war ihr großer Gedichtzyklus *Preußische Wappen* erschienen, angeregt durch eine Serie von Werbemarken der Firma Kaffee Hag mit den Wappen preußischer Städte. Auch Berlin hat sie ein Denkmal gesetzt.

WAPPEN VON BERLIN

In Silber, aufgerichtet, ein schwarzer Bär

Die Bärin spricht: Ich habe sie getragen,
Die Stadt in meinem Schoße, Höhlenbrut.
Uns kam der Jäger, und ich mußt ihn schlagen.
Ihr Schlaf in dickverschneiten Wintertagen
War gut.

Ich wiegte sie mit tiefem Brummen;
Mein Tatzenschlag hieß sanft, doch ernst sie stehn.
Ich lehrte Honigwachs, wo Bienen summen,
Und süßes Kraut in erdgeformten Kummen
Sie sehn.

Den Klotz, die mörderische Eisenklemme,
Den Grubentrug – denn Menschenlist ist viel –
Verklagt ich ihr. Und zeigte braune Schwämme,
Gab graue Kiesel ihr und Kiefernstämme,
Zum Spiel.

So wuchs sie auf und fand das Nest der Bienen:
Nun häuft sie übermütig bunten Stein,
Und ihre Pranke scherzt mit blanken Schienen,
Läßt klein und trüb, Insekten fliehn auf ihnen
Und fängt sie ein.

Sie droht und lockt. Die Forste hallen wider.
Das Singen unterm Bauerndach verstummt.
Sie tappt ins Dorf. Das Buschwerk stampft sie nieder,
Den weißen Spierstrauch und den blauen Flieder
Und brummt.

Ich schreite aufrecht. Meine Branten wälzen
Den Wolkenblock, der überm Hang ihr kracht.
Und silbern eisige Gestirne schmelzen
Als große Flocken mir auf schwarzen Pelzen
In Winternacht.

Im Wappen sind älteste Gewaltverhältnisse zum Bild erstarrt. Das
vorgeschichtliche, wilde Tier tritt auf, schlägt um sich – und entlässt
aus seinem Schoß die künftige Stadt. Ältere Wörter unterstreichen diese Herkunft aus einer geschichtsfernen, einer Eis- und Urstromzeit:
Kumme steht für einen Einschnitt, eine Senke, eine Vertiefung im Erdreich; der *Spierstrauch* oder Medstrauch ist ein stark duftendes Gewächs,
dessen Blüte früher dem Met zugesetzt wurde (was wiederum auf den
honiglüsternen Bären verweist); *Branten* schließlich ist ein älteres Wort
für Pratzen oder Tatzen, in dem klanglich »Brandenburg« mitschwingt.
Das starre Emblem wird durchlässig, beweglich, liquide. Gewalt heckt
Junge. Die Bärin selbst erzählt die mythische Gründung der Stadt. Das
Gedicht verweilt nicht in einer abgegrenzten Naturidylle, vielmehr er-
zwingt es, der Bärenstärke des Wappentiers durchaus vergleichbar, mit
einem einzigen Wort den Umschlag in die geschichtliche Zeit, in die
Gegenwart: »Und ihre Pranke scherzt mit blanken *Schienen*«. Nach Ur-
barmachung, nach Rodung und dörflicher Geborgenheit gerät das Land
in den Zangengriff der Mechanisierung. Die animalischen Kräfte leben
in Kräften der Technik fort. Die Eisenbahn übernimmt das Kommando
und bestimmt die Gestalt der zukünftigen Stadt.

Berliner Illuſtrirte

Die größte aktuelle
Illuſtrierte der Welt!

STRASSENZUSAMMENSTÖSSE
Berliner Plätze, Gärten und Parke

Wann ein Platz vorliegt, ist Tatfrage, es müssen objektive Merkmale vorhanden sein (vergl. OBGE, 6. Febr. 11, IV c. 36, 10). Eine sehr breite, mit Mittelpromenade versehene Straße ist darum noch kein Platz. In der Regel wird man daran festhalten müssen, daß der Platz eine Erweiterung der einmündenden Straße darstellt und diese Erweiterung zumeist Zwecken dient, welche die einmündenden Straßen nicht oder aber nicht in vollem Umfange erfüllen können, z.B. als Verkehrsplatz, in den eine größere Anzahl von Straßen einmünden; Markt-, Denkmals-, Erholungsplatz usw. (…)

Unter Plätzen sind nur öffentliche Plätze zu verstehen, die als polizeiliche Verkehrsanstalten der Bestimmung der Polizei unterworfen sind und auch unterworfen bleiben, wenn sie mit dem Willen der Polizei vorübergehend oder dauernd für besondere Zwecke bestimmt und eingerichtet werden.

Straßen- und Baufluchtgesetz, v. 2. Juli 1875, Berlin 1920

Allen Anstrengungen mutiger Architekten zum Trotz duldet der Berliner Boden keine Plätze in dem Verstande, wie Paris sie aus einladender und zugleich repräsentativer Einmütigkeit bietet. Der Alexanderplatz, der Potsdamer Platz und der Wittenbergplatz sind wie alle übrigen nur – Straßenzusammenstöße. Herrisch vereitelt die überall sich zur Drohnenkönigin aufspielende Zeit das Stehenbleiben und Ausruhen, wozu doch Plätze sonst auffordern. Wer sich in Berlin auf eine Bank an einem sogenannten Platz niedergelassen hat, fühlt sich beklommen und ausgestoßen. Er fällt, bildlich gesprochen, rücklings ins Leere.

Gert H. Theunissen, *Nachtwache der Bürger*, 1947

Plätze sind Orte, an denen städtisches Leben sich artikuliert, versammelt und verdichtet, wo der Alltag in einem anderen Rhythmus verläuft als auf den Straßen. Hier kommt die Stadt zu sich. Sie bilden die Bühne für die Kulissen der Architektur; bewirken eine Art von beweglichem, umtriebigem Stillstand; man findet leichter zueinander, das Grundtempo könnte man als ein *andante con moto* auffassen. Für Plätze gelten, wenn sie geglückt sind, die Zeilen von Philip Larkin: *What are days for?/Days are where we live*. Wer sie aufsucht, schert aus dem verkehrsbeherrschten Straßenland aus und wird von einer zirkulären

Gegenströmung erfasst. In ihrer gelungensten Form und von einem entschieden außerhalb des Automobils gewählten Standpunkt ist es die entgegentretende Fassade, welche den linearen Straßenverlauf unterbricht und den Raum zu einem Innenraum macht. Der Passant ist aus dem zielgerichteten Schub und Reglement der Straße entlassen.

Berlin hat im Umgang mit seinen Plätzen viel Missgeschick bewiesen. Die antagonistischen Interessen zwischen Bewohnern und Investoren, die sich häufenden Fehlplanungen aufgrund einer vernachlässigten raumsetzenden Gestaltung, die Kriegszerstörungen und die bauliche Rabiatheit der Nachkriegsjahre summieren sich heute zu einer Fehlerfortpflanzung, deren Korrektur nur möglich wäre, wenn die durchaus vorhandenen, ästhetisch kühnen Entwürfe von einer ebenso kompromisslosen Politik unterstützt würden. Die eigentliche vorteilhafte Polyzentrität von Groß-Berlin hat eben auch durch die unterschiedlichen Entwicklungsgeschwindigkeiten der einzelnen Teile Verwerfungen gezeitigt, die sich im Verbund der Straßen und Plätze niederschlagen.

Wenn eine von ständiger Expansion wie von einem erotischen Fieber (»Baulust«) ergriffene Stadt wie Berlin seit Ende des 19. Jahrhunderts nach dem Umland greift und Straßen- und Schienennetze auswirft, die Stadt mit Untergrundbahnen durchtunnelt, hohe Bahndämme rings um und mitten durch die Stadt errichtet, kommt den so entstehenden Plätzen eine herausragende Bedeutung zu. Sie halten Tuchfühlung zur allenthalben um sich greifenden Beschleunigung, ohne sich davon mitreißen zu lassen. Der schiere Ausdehnungsdrang, das »wie mit dem Lineal gezogene Straßenraster« (Leo Trotzki) und die parallel dazu sich aufbauende und ins Landschaftliche drängende Häuserfront, wie Zille sie fotografiert hat, brauchen Ruhepunkte. Plätze sind in der Notation dieser Radialbewegungen die Interpunktion der Stadt, Fermaten, Parenthesen, Haltestellen; also eben sehr viel mehr und qualitativ etwas anderes als Straßenzusammenstöße. Doch es waren der hemmungslose *drive* dieser wurzellosen Stadt, der unstillbare Drang des Hypothekenkapitals nach Grundrente (also: Bauland), welche viele Plätze mehr zu einem unvermeidlichen Dekor denn zu einer erstrebenswerten Umfriedung gemacht haben.

77

Selbst wenn die sarkastische Diagnose Theunissens aus der Zeit unmittelbar nach dem Krieg heute nicht mehr derart verheerend ausfallen würde, so verströmen doch viele Plätze immer noch eine Stimmung unbehauster Freudlosigkeit. Die Bemerkung von Wolf-Jobst Siedler, Berlin sei mit dem Rücken zum Wasser gebaut (was zumindest für die Gründerzeit zutrifft, nachdem die mittelalterliche Stadt abgeräumt worden war), ließe sich bildlich auf das Straßenland selbst übertragen, insofern die großflächigen Plätze den Spaziergängern den Rücken zukehren und erst gar nicht betreten werden wollen.

Viele dieser Plätze sprechen Walter Benjamins Reminiszenz in der *Einbahnstraße* Hohn, sie seien der »Pflege des Publikums empfohlen«, sind doch nicht wenige zu einem insulären, ungestalten Niemandsland verkümmert, dessen *Indifferenz* gegenüber dem umgebenden Stadtkörper durch das kreuz und quer hervorschießende Grün mehr betont als verhüllt wird.

Es mangelt nicht an Grünanlagen – die großen Volksparke sind der lebendige Beweis dafür –, um dem einfachen Ideal des Verweilens zu

genügen; eher fehlt es den Stadtbewohnern an Entschlossenheit, diese Orte für sich zurückzuerobern. Die stärkste Bedrohung aber sind die kommunalen Einsparungen beim Unterhalt, sie fördern die schleichende Verwahrlosung. Manchmal scheint es, als würde dieser Niedergang von einer wachsenden Gleichgültigkeit des Publikums begleitet, als wäre der *unentgeltliche, freie* Aufenthalt auf einem Platz von minderer oder weniger erstrebenswerter Qualität, als würde nur ein Konsumangebot ein Areal wirklich beleben und attraktiv machen. Erst in jüngster Zeit setzt sich wieder die fast vergessene Selbstverständlichkeit durch, dass nur ein regelmäßig gepflegter Platz die Garantie für eine dauerhaft sinnvolle Nutzung ist, dass der öffentliche Raum umso besser angenommen wird, je luxuriöser er ausgestattet ist.

Die zahlreichen Schmuckplätze und der Erholung dienenden Grünanlagen, die der Stadtbaumeister und Gartenarchitekt Erwin Barth vor hundert Jahren für die Berliner angelegt hat, sind noch heute in einem erstaunlich guten Zustand. Zu den größeren Anlagen, die bis heute nicht übernutzt sind, zählt der Lietzenseepark und leider auch der etwas heruntergekommene Volkspark »Rehberge«, Barths größte Anlage in Berlin.

Man steige nur einmal hinab zu dem in ein eiszeitliches Soll eingebetteten Brixplatz am westlichen Ende der Charlottenburger Reichsstraße – und unversehens findet man sich in einer märkischen Landschaft en miniature wieder. Die Nachtigall, die Joachim Ringelnatz gehört hat, schlägt dort noch heute.

Das Dilemma vieler Berliner Plätze ist die über viele Jahre nachlassende und häufig komplett vernachlässigte Pflege. Dieses Problem wurde aufgrund der in den letzten Jahren empfindlicher gewordenen Wahrnehmung des vandalisierten öffentlichen Raums von den Bezirken ebenso plump wie diskret an die Anwohner delegiert, deren anfängliche Notwehrreaktionen mittlerweile zu einer leider nur sporadischen, aber durchaus hilfreichen »Altenpflege« des öffentlichen Grüns geführt haben. Die ursprüngliche fächerförmige Anlage eines Lehrgartens an der nordwestlichen Ecke des Brixplatzes wurde nach Jahren der behördlichen Vernachlässigung von einigen Anwohnern wieder kultiviert und gehört jetzt zu den schönsten Stellen dieses ungewöhnlichen Platzes.

Oder man durchstreife einmal die Stadtlandschaft um das Engelbecken am ehemaligen Luisenstädtischen Kanal im Bezirk Kreuzberg und man bekommt eine deutliche Vorstellung von dem Gestaltungswillen Barths, das steinerne Berlin aufzubrechen, zu »liquidieren« und zusammen mit Plätzen, Uferbanketten, Brücken, Senken und künstlichen Plateaus zu neuen Ensembles umzuformen.

Die nicht unerhebliche Kunst von Erwin Barth bestand nicht nur darin, einen wirklich weit vorausschauenden, nüchternen Blick für die proportional stimmige Bepflanzung zu haben – jeder gute Gärtner ist ein *Zeitgärtner* –, sondern die auf den ersten Blick vielleicht etwas unspektakulären neuen Siedlungen Groß-Berlins mit Grünanlagen und Schmuckplätzen so aufgewertet zu haben, dass durch die ebenso entschieden gesetzten Elemente (Pergolen, Bowling Greens, Binnengärten, Spielplätze) und sehr langfristig gedachten Pflanzpläne diese Räume bis heute ihre unverwechselbare Gestalt und ihren insularen Komfort bewahrt haben. Plätze und Anlagen dieser Art geben der randflüchtigen Stadt einen Halt, sie verlangsamen und sedieren den vektoriellen Furor

der Ausdehnung. Barth folgte dem historischen Masterplan Lennés mit von Potsdam bis zur residenziellen Mitte Berlins reichenden Park- und Grünzügen dergestalt, dass er, wo immer dies möglich war, ein dichtes Raster von Plätzen einzog. Ein Impuls, der im Grunde die amphibische Natur der wasserreichen Inseln Potsdam und Berlin mithilfe der Garten- und Parkarchitektur wiederholt und den Gegebenheiten des frühen 20. Jahrhunderts anpasst.

In den Zeiten des enthemmten Automobilismus ist jeder Platz entweder ein Hindernis, das es zu durchqueren oder zu umfahren gilt, oder er wird gar nicht wahrgenommen, weil ihm die funktionale Eindeutigkeit der Straße fehlt, Durchfahrt zu sein, etwas immer hinter sich zu lassen, Passage zu sein von A nach B.

Barths Eingriffe sind der lebendige Beweis für die Prämisse, dass der öffentliche, kommunale Raum gewinnt, wenn man ihn mit einer nüchtern-luxuriösen Physiognomie versieht.

Der Gartendirektor war es auch, der, vermutlich aus eigenem Antrieb und ohne eigentlichen Auftrag, für den von Anfang an unmäßig großen und nachgerade unüberquerbaren Reichskanzlerplatz in den 20er-Jahren eine neue, der zunehmenden Motorisierung gerechte Passform – mit großen unterirdischen Hallen – schneiderte, um die unmäßige aufgeblähte Fläche dieses Platzes einzudämmen.

Tatsächlich ist die ursprünglich Reichskanzler-, dann Adolf-Hitler- und schließlich Theodor-Heuss-Platz genannte großflächige »Verkehrsinsel« ein bis heute unbezwungenes Monstrum der Westausdehnung der Stadt um 1900 – über das traditionelle Charlottenburg hinaus. Ein Fleck, den zu überqueren für den Fußgänger ein ampelgeregeltes, zeitraubendes Ärgernis ist.

Auf diesem Platz ist alles darauf ausgerichtet, heute mehr als in den ersten Jahren, den motorisierten Verkehr durchzufädeln, also den *flow* im Straßenraster so ausschließlich auf die Automobile zu konzentrieren, dass der Passant notgedrungen wie der natürliche Feind des Automobilisten und letztendlich des Platzes erscheinen muss. Unter diesem Aspekt nimmt es nicht wunder, dass selbst die minimale Voraussetzung für die Untergrundbahn, nämlich jeweils zwei Ausgänge an jedem Eingang zu haben (Barth wollte noch einen weiteren auf der gegenüberliegenden Seite), hundert Jahre lang schlicht vergessen wurde.

Bis zum Jahr 1967 war es die Straßenbahntrasse, die sich um drei Viertel des inneren Kreises schmiegte und dadurch eine gewisse Zugänglichkeit, Verkleinerung und sogar Beruhigung des Terrains ermöglichte. Mit dem Wegfall dieses hervorragenden Verkehrsmittels haben die solitären Boliden wieder die Oberhoheit gewonnen und demonstrieren tagaus, tagein die Möglichkeit, die umlaufenden Fahrbahnen dieser zu groß geratenen Insel in eine Rennstrecke zu verwandeln. *Die Luft muss*

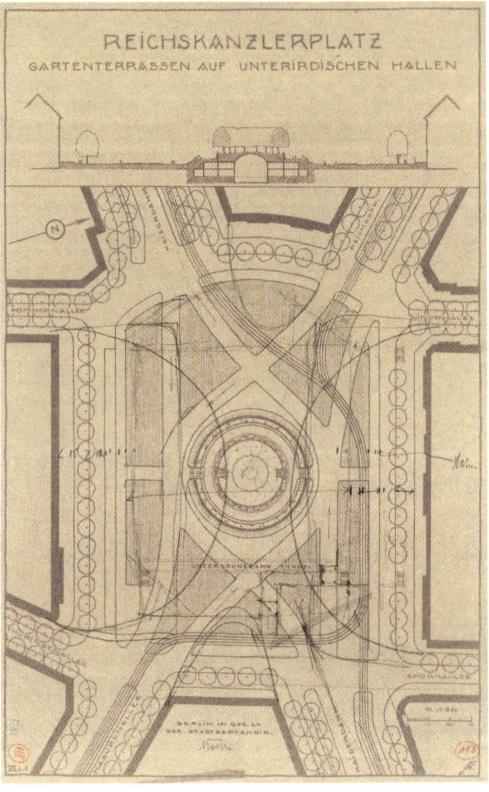

brennen, dann kommt Freude auf, sagte vor Jahren ein zurückhaltender Taxifahrer, als er bei der Umrundung des Theodor-Heuss-Platzes durch ein aggressives Überholmanöver bedrängt wurde.

Es mutet utopisch an, sich einmal auszumalen, was geschehen oder zumindest möglich gewesen wäre, wenn tatsächlich Poelzigs großer Wurf von 1929 für das Messegelände südlich der Masurenallee realisiert worden wäre, und welche Auswirkungen er auf den Reichskanzlerplatz gehabt hätte, der ja an die westlichen Ausläufer des großen Walfisches angrenzt.

Von Poelzigs großräumlichem Entwurf können wir bis heute lediglich das formschöne, mit dunkelfarbig lasierten Klinkern verkleidete *Haus des Rundfunks* bewundern – und vergessen darüber, dass dieser außen wie innen herrlich komponierte, elegant geschwungene, weit aufklaffende »Fischkopf« lediglich als Spitze eines durch die Masurenallee vom Rest getrennten, amphibisch anmutenden Leibes von Messebauten gedacht war. Dass diese organische, ovalförmige Gesamtanlage nicht realisiert wurde, gehört zu den folgenschwersten Versäumnissen der Berliner Stadt- und Raumplanung. Einmal realisiert, hätte der am Ende nach

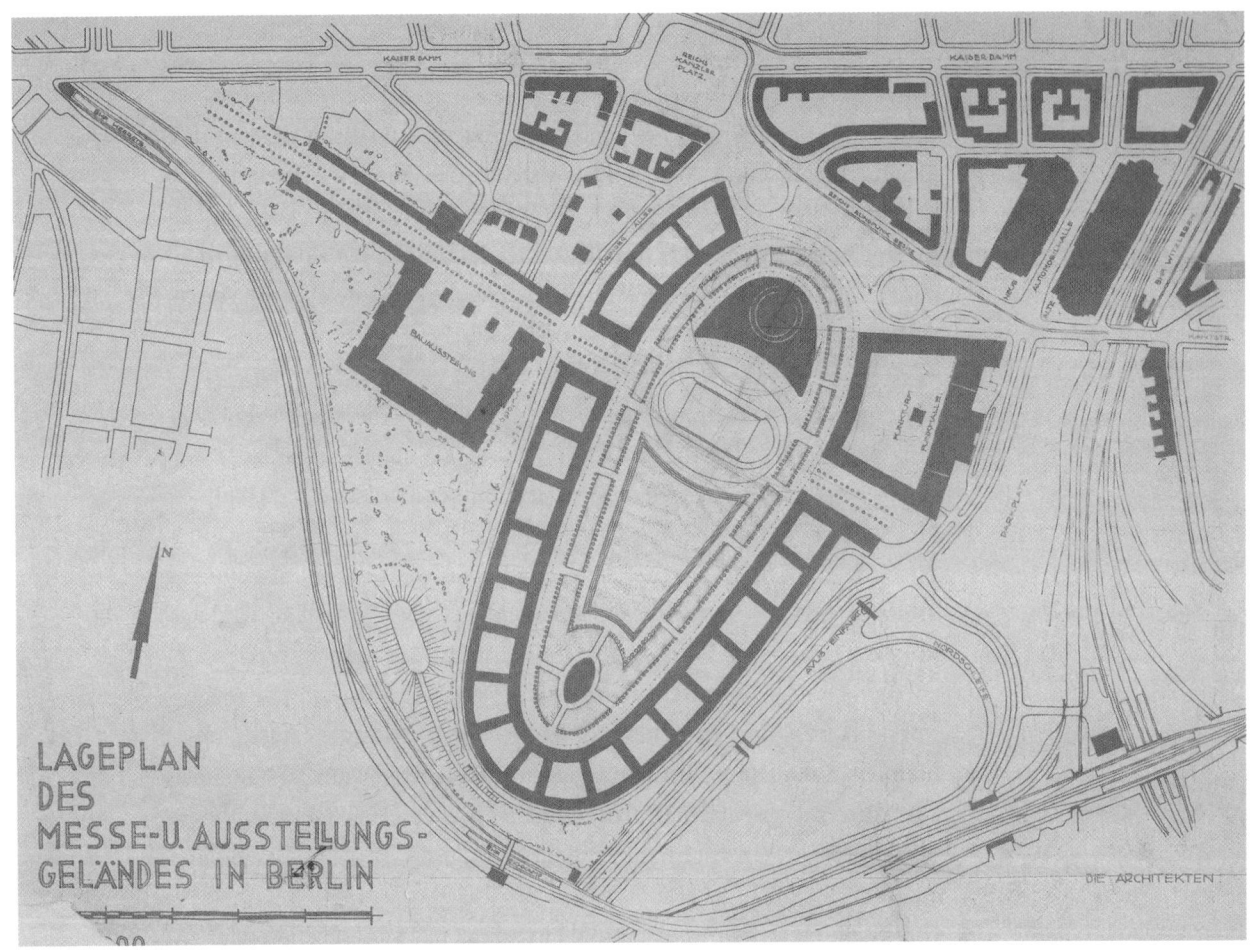

LAGEPLAN
DES
MESSE-U. AUSSTELLUNGS-
GELÄNDES IN BERLIN

Nordwesten weisende Schenkel des geplanten Messebaus zwangsläufig
die Gesamtanlage des Reichskanzlerplatzes verändert und ihn in das zu
erwartende Geschehen des Messeverkehrs mit einbezogen.

Die hartleibig mit Poelzigs Entwurf opponierenden Messebauten aus
den frühen 30er-Jahren haben eine großzügige Lösung und eine Umge-
staltung des gesamten Areals verhindert; schließlich haben in den 70er-
Jahren das Internationale Congress Centrum (ICC) über der Ringbahn-
trasse – die italienische Künstlerin Titina Maselli bezeichnete es einmal
hohnlachend als einen *schlaffen Zeppelin* – und das triumphalistisch
auskragende Hochhaus des von Anfang an abrisswürdigen Fernsehzentrums dem gesamten Areal den Rest gegeben. Unorganisch und zusam-
menhangslos liegen die einzelnen Kubaturen bis heute nebeneinander.

Achtlos hingeworfenes Riesenspielzeug. Architektur für das Depot des Architekturmuseums. Architektur als Havarie. Von den Plänen des Architekten Martin Mächler und des Stadtbaumeisters Martin Wagner für die »Weltstadt« Berlin seit den 1910er-Jahren, diesen Komplex zu einem »Alexanderplatz des Westens« zu machen, ist heute allenfalls noch eine utopische Erinnerung spürbar.

Gelungen und beliebt ist beispielsweise der Wilmersdorfer Ludwigkirchplatz, eine gut proportionierte, relativ schmale Grünanlage, welche offenbar ganz mühelos die ambulanten Bedürfnisse der Anwohner und Passanten aufzunehmen vermag. Das leicht abgesenkte Oval, ein Zitat des Bowling Green zwischen drei Straßen, bewirkt ein Binnenklima unsichtbar überwölbter Geborgenheit, der Kirchenbau hält die Ruhezone davor und den Spielplatz dahinter in angenehmer Distanz zueinander. Der Platz ist sparsam möbliert, außer Bänken, Rasen, Kiesweg, Brunnen und Rabatten gibt es hier nichts, was die Sinne stören könnte. In den Berliner Erzählungen von Vladimir Nabokov aus den 20er-Jahren begegnet man solchen Plätzen; dass es sie tatsächlich, natürlich ohne das historische Personal – immer noch – gibt, lässt hoffen.

Nur einen Steinwurf weiter, in Verlängerung der am Ludwigkirchplatz vorbeifließenden Pariser Straße krümmt sich das länglich-ungefüge Rechteck des Olivaer Platzes: Platz gar nicht zu nennen, die Erinnerung an das Ostseebad Oliva, dem er seinen Namen verdankt, ist getilgt, und was in seinen ersten Jahren, vor 1914, nahezu idyllisch war, ist sechzig Jahre nach dem Krieg eine öde, verkrautete Zone: Die östliche Hälfte ist von Parkplätzen okkupiert, die westliche von trister Mischnutzung überformt, darunter ein abweisender Kinderspielplatz, der zur Verwahrlosung auffordert. Wenn man einmal so etwas wie eine Tendenz zur Selbstvandalisierung unterstellen dürfte, dann ließe sie sich an Plätzen wie diesem beispielhaft beobachten. Wie manch anderer Platz in Berlin ist auch dieser zum Teil aus den Ruinengrundstücken ehemaliger Häuserzeilen hervorgegangen, schließlich musste er irgendwie »bespielt« werden – und in den meisten Fällen hatten (und haben?) Parkstellflächen höchste Priorität.

Eine ganz andere Anmutung und entschieden städtische Physiognomie
besitzt der unweit des Olivaer Platzes gelegene Walter-Benjamin-Platz
zwischen Leibniz- und Wielandstraße der Architekten Kollhoff/ Timmermann. Auch diese Fläche ist ein nicht wieder bebautes Überbleibsel,
eine Kriegslücke, die lange Jahre als Parkplatz und schmuddeliger Re-
straum fungierte. Aufgrund seines entschiedenen, sehr muskulösen Habitus (Kolonnaden, dunkle Pflasterung, belebt durch ein kinderfreund-

liches Wasserspiel am westlichen Rand) bietet der an den Längsseiten von betont klassizistischen Neubauten eingefasste Platz das ungewöhnliche Beispiel eines für Berlin untypischen, sehr gelungenen Stadtraums. Dass dieser Raum, der im strengen Sinn kein Platz, sondern ein streng proportionierter Zwischenraum, ein gestalteter Durchgang ist, der gewiss nicht zufällig die Dimensionen der Uffizien hat, macht ihn zu einer ungewöhnlichen Anlage.

»Herausnahme des Kraftfahrzeugverkehrs« Überlegungen zum Kulturforum

In den 70er- und 80er-Jahren hatte ich mehrfach Gelegenheit, die Wohnung eines Freundes im Weinhaus Huth am Potsdamer Platz zu besuchen; es war infolge der euphorisch betriebenen Nachkriegszerstörungen und des ausweglosen Mauerbaus das letzte verbliebene Haus auf der westlichen Seite der Mauer. Im Windschatten des Sperrgebiets pendelte auf einer sehr kurzen Teststrecke eine Magnetschwebebahn zwischen zwei eigens errichteten Bahnhöfen, die für das Publikum gesperrt waren. Ein Shuttle für einen menschenleeren Transport im Nowhereland. Ein Verkehrsmittel, das ersonnen wurde, um kontinentale Distanzen in Höchstgeschwindigkeit zu überwinden (Moskau – Warschau – Berlin – Paris), sollte für Zukunftstechnologie werben. In einem der schönsten Berlinfilme – *Der Himmel über Berlin* von Wim Wenders – wird dieser Zukunft eine kurze, aber bleibende Gegenwart gewährt.

Im Osten war vermintes Gelände, großes Habitat für Hasenpopulationen. (Zum *Wildwechsel* bzw. Tierschutz im geteilten Berlin eine Episode am Rande: Ein Westberliner Tierschützer erwähnte 1987 in einem Interview für das französische Fernsehen, *man* sei mit den entsprechenden Behörden in Ostberlin *im Gespräch*, um eine *faustgroße Bodenöffnung* in der Mauer in der Nähe des Tegeler Fließes zu erreichen, mit dem Ziel, den Kreuzotterpopulationen einen Austausch zwischen Ost und West zu ermöglichen.)

Unweit des abgelegenen ehemaligen Weinhauses lag, wie in einem unsichtbaren Trockendock des Urstromtals, der mächtige, goldglänzende, amöbische Schiffskörper der Scharoun'schen Staatsbibliothek – unvergleichlich schöner als der schlaffe Zeppelin des ICC! – neben dem wie schwebenden Zelt der Philharmonie und dem Kammermusiksaal. Von dem nach Norden weisenden Bug der Bibliothek führte eine kurze Allee zum Weinhaus Huth, als sei dieses organisch mit dem Schiff verbunden. Lange Zeit war mir unklar, was dieser in jeder Hinsicht verwaiste Straßenrest bzw. die Reststraße und die fast surreale Wegeverbindung zwischen dem Neubau und dem Überbleibsel zu bedeuten hatten: Ob es vielleicht ähnlich der technologischen Investitionsruine der Magnetschwebebahn ein *aus dem Zusammenhang gerissenes Zitat* städtischen Verkehrs darstellte? Doch aus welchem Zusammenhang? Erst als mir der im Weinhaus residierende Architekt Bernhard Strecker sagte, das flache Rasengrundstück auf der anderen Straßenseite werde »tiefenenttrümmert« – ein Wort, das für mich die rabiate Vernichtung archäologischer Überreste beinhaltete –, begriff ich die ursprüngliche Gestalt dieses jetzt zum Blinddarm verkümmerten Straßenlandes: Es war der karge Rest der ehemaligen, der Alten Potsdamer Straße.

Scharoun hatte den Bau seiner Staatsbibliothek in einer imposant-erdrückenden Geste auf diese Straße gelegt und damit eine historisch und verkehrsmäßig bedeutsame Verbindung gekappt. (Ein Echo auf das Scheitern des radikalen »Kollektivplans« von 1946, in dem ein gänzlich neues Berlin vorgesehen war, das in seiner Gestalt die Morphologie des Urstromtals aufnahm; es sollte eine autogerechte Riesenstadt werden, in der nichts mehr an das historische Berlin erinnern sollte. Die Stadt als Sündenbock. In dieser Hinsicht ging Scharoun noch über Speers Zertrümmerungspolitik hinaus. Der Plan dieser Tabula rasa scheiterte glücklicherweise daran, dass man auf die lebenswichtige und trotz der Bombardierungen weitgehend intakte technische Struktur der unterir-dischen Versorgungsadern in den Zeiten absoluten Mangels unter kei nen Umständen verzichten konnte.)

Die Standortwahl der Staatsbibliothek (sie wurde 1978 eingeweiht) zei-tigte nach dem Fall der Mauer eine erhebliche Verwerfung des gesam-ten Areals nördlich der Potsdamer Brücke. Die abgeschnittene Ader der Alten Potsdamer Straße wurde durch eine Bauchbinde, einen Bypass ersetzt, der zunächst von der Nationalgalerie bis zum Musikinstrumen-tenmuseum führte und nach dem Mauerfall rasch zu einem breiten Strom anschwoll, der über den Potsdamer Platz hinaus bis zum Okta-gon des Leipziger Platzes verlängert wurde: eine Straßenführung, die in

1 – Berliner Mauer
2 – Philharmonie
3 – St. Matthäikirche
4 – Staatsbibliothek
5 – Neue Nationalgalerie

erster Linie der möglichst reibungslosen Verkehrsfluktuation und weniger der Raumbewältigung diente. Die immer wieder geforderte oder gewünschte Verdichtung und Zentrierung auf einen neuen Kemperplatz gegenüber oder zusammen mit der amöbischen Staatsbibliothek zwischen Nationalgalerie, Matthäikirche und Philharmonie scheint mittlerweile eine schier unlösbare Aufgabe geworden zu sein.

Der radikalste Entwurf stammt von Álvaro Siza. Auch dreißig Jahre später ist dieses Konzept von einer organischen Klarheit und Großzügigkeit, dass man sich nur wundern kann, wie viel hier – bis heute – versäumt wurde. Álvaro Siza führt aus:

Das derzeitige Erscheinungsbild des Kulturforums zeigt die Geschichte eines der Unterbrechung sukzessiver Pläne ausgesetzten Ortes... Das Kulturforum erscheint heute als ein Loch ... dieses erinnerungsträchtige und anregende Loch in ein Forum zu verwandeln ist – neben dem Entwurf eines Gebäudes für die Gemeinde St. Matthäi – Ziel des Wettbewerbs. Mein Vorschlag: ...Herausnahme des Kraftfahrzeugverkehrs ... Erschließung für Fußgänger an den verschiedensten Stellen, so daß niemals Achsen gebildet werden... Die Anordnung der Zugänge fördert eine völlige Bewegungsfreiheit im Forum. Die Pflasterung des Bodens muß diesem Ziel entsprechen. ... Die Kirche und die Südseite des Gemeindehauses definieren die Piazetta, die die Galerie braucht... Die Westseite erhält einen langen schmalen Vorgarten mit Mauer, über dem sich die Räume des »Hauses der Stille« öffnen. Am Ende des nördlichen Gartens liegt ... die Kapelle, deren Gestalt wichtig für die Definition des Platzes vor der Kirche sein wird. Der Kritiker Robert Frank fasst in seinem Kommentar zusammen: Álvaro Siza macht die Potsdamer Straße, das »Tal« Scharouns, zum weiten Freiraum, zum Forum der Stadt, in dem Ausstellungen, Märkte, Messen, Zelte aufgebaut werden können, sogar die – in diesem Plan aufgegebene – Straße fände hier wieder eine Trasse zum Potsdamer Platz. Das war das Angebot eines nicht verplanten, großzügigen Stadtraums, einer Arena, zur Aneignung durch Akteure.

Wie borniert und im Grunde desinteressiert die Berliner Politik an einer Lösung dieses Problems ist, lässt sich schon daran ermessen, dass buchstäblich alles für die Bebauung und Bespielung eines aus den Fugen geratenen Potsdamer Platzes unternommen wurde, während das

Kulturforum mittlerweile zu einer unwirtlichen Brachfläche mit interessanten Solitären verkommt.

Auf dem nach 1994 aus der Taufe gehobenen Areal des nordöstlich anschließenden neuen Potsdamer Platzes wurde eine Reihe von architektonischen Imponierstücken und Solitären in ein historisierendes Raster eingepasst, ohne ein irgendwie geartetes allmähliches Entstehen (und Nachdenken darüber, wie das geschehen könnte) zuzulassen. Entstanden sind eher Schaustücke für ein Architekturmuseum im Maßstab 1:1 – eine Tendenz, die in Berlin häufiger zu beobachten ist.

Die Mischung aus hochpreisigen Apartmentanlagen und einer relativ niedrigpreisigen Einkaufszone ist noch kein Garant für einen funktionierenden öffentlichen Raum. Aber wen kümmert's? Und selbst die einzige, 14-tägige Passantenfluktuation – von den Holzhütten der sogenannten »Weihnachtsmärkte« einmal abgesehen – während der Februar-Berlinale bestätigt nur das Auseinanderklaffen zwischen gewünschtem öffentlichem Raum und einer automobilistischen Wirklichkeit.

Es ist sehr zu bedauern, dass die beiden echten Grünflächen (das sogenannte Lenné-Dreieck zwischen Potsdamer Platz und Tiergarten und das lang gestreckte Rechteck [ca. 400 m x 50 m] zwischen dem nördlichen Ende des Platzes und dem Landwehrkanal, das Gelände des ehemaligen Potsdamer Bahnhofs) faktisch unbetretbar gemacht wurden; vor allem das lange Rechteck wurde durch eine steil ansteigende, begrünte (!) Rampe aufgeschüttet, die mittlerweile deutliche Erosionsspuren zeigt.

Umso erfreulicher ist es, dass sich wenige Meter weiter südlich, von jenseits des Landwehrkanals bis zur Yorckstraße, wie ein überdimensionaler, gut getarnter Flugzeugträger der Gleisdreieck-Park erhebt. Er wurde 2009 eröffnet und ist das überaus gelungene Beispiel eines klug durchwegten, abwechslungsreichen innerstädtischen Parks, in dem die hinterbliebenen Restgebäude, Geleise, Signalanlagen usw. des ehemaligen Bahngeländes nüchtern mit dem neuen kontrastieren oder, wenn möglich, in diese integriert wurden. Dieser Park demonstriert auch die Widerlegung der beliebten und sehr beliebigen Haltung, die Berliner »Brachen« seien ein unverzichtbarer Bestandteil der besonderen Physiognomie der Stadt, gewissermaßen die »sexy« Seite des Hässlichen.

Geschichtspark Ehemaliges Zellengefängnis Moabit

Wie ganz anders ein überformtes und über Jahre vergessenes Gelände gestaltet werden kann, lässt sich auf der Invalidenstraße, vis-à-vis vom neuen Hauptbahnhof, erfahren. Das Pentagon der fünf Meter hohen Außenmauern lädt auf den ersten Blick nicht zum Betreten ein, die ganze Anlage wirkt abweisend, mit dem Rücken zur verkehrsreichen Straße angelegt. Der Eingang ist durch eine vorgesetzte Betonverblendung nicht unmittelbar zu sehen, doch die darauf zuführenden Wege fordern auf, sich hineinzubegeben.

Kaum ist man durch das Tor im Innern, ist der Verkehrslärm gleich gedämpft und man ist froh, die Stadt abgeschüttelt zu haben und sich ungestört umsehen zu können. Was man dann vor sich sieht, ist dazu

angetan, sich zu sammeln, innezuhalten, zu verweilen, sich zu orientieren. Zwischen dem zurückhaltend gesetzten Baumbestand treten einzelne Betonskulpturen hervor – so das Skelett eines Würfels in der Mitte, rechter Hand davon zwei spitzwinklig gesetzte Wände, die eine beklemmende Enge verbreiten; in der anderen Hälfte der Anlage ist ein etwas mehr als mannshoher Kubus mit unterschiedlich großen Öffnungen auszumachen, daneben niedrig gehaltene Buchenhecken in Form von Zimmern, linker Hand ein mit roh behauenen Steinen ausgelegter Grundriss und schließlich an den dem Eingang gegenüberliegenden Wänden eine Inschrift: *Von allem Leid, das diesen Bau erfüllt, ist unter Mauerwerk und Eisengittern ein Hauch lebendig, ein geheimes Zittern.*

Wir bewegen uns über das Gelände des ehemaligen Zellengefängnisses Moabit. Es wurde 1849 vollendet und galt als eine nach englischem Vorbild reformerisch konzipierte Anstalt, weil zum ersten Mal die Massenzellen abgeschafft und durch Einzelzellen ersetzt wurden. Der Betonkubus gibt eine Vorstellung von der Enge der Zelle; die Mitte des Baus wurde von einem Panoptikum beherrscht, das eine ziemlich lückenlose Überwachung erlaubte: Das mächtige Würfelskelett lässt den Geist von Überwachen und Strafen wieder auferstehen; das tortenartige Gefüge erinnert an die Maße des Raums, der dem Gefangenen, isoliert von den anderen, bei seinem Freigang zustand. Der ausgelegte Grundriss erinnert an die Gefängniskirche, die Heckenzimmer wiederholen den Grundriss der Zellen und die Inschrift an den Wänden ist ein Gedichtfragment von Albrecht Haushofer, das er während der Gestapo-Haft an eine Zellenwand geschrieben hat. Kurz vor Ende des Krieges wurde von der ss eine Massenexekution durchgeführt, die Liste der Grausamkeiten macht den Besucher erschauern.

Den Architekten (Glaßer & Dagenbach) ist es gelungen, der Besonderheit dieses Ortes eine mitteilsame Gestalt zu geben: In dem Maße, wie man diesen Park *in aller Ruhe* durchstreift und sich umsieht, wird das Gedächtnis aktiviert, die konzentrischen Wellen der gewesenen Gewalt wieder wahrzunehmen. Gerade das individuelle und konkrete Detail eines überlieferten Verbrechens und der tatsächliche Ort sind geeignet, wenn es keine lebendige Zeugenschaft mehr gibt, unsere Empathie zu wecken und unser Gewissen zu alarmieren.

Invalidenpark

Trotz seiner relativ prominenten Lage zwischen dem neuen Hauptbahnhof und dem Naturkundemuseum wird er in der Regel nur flüchtig wahrgenommen. Man könnte ihn für eine stillgelegte Baustelle halten. Sein Name ist, angesichts seiner heutigen Gestalt, ebenso irreführend wie erhellend: »Invalidenpark«. So hieß er seit 1843 und war, nach Plänen von Lenné, eine Maulbeerplantage; das Gelände selbst war kriegsblinden Invaliden zur Erholung vorbehalten.

1850 wurde mit militärischem Pomp in Anwesenheit Friedrich Wilhelms IV. der Grundstein gelegt für eine 33 m hohe, innen begehbare und mit einer Aussichtsplattform versehene Säule aus Gusseisen, die schließlich 1854 eingeweiht wurde. Der Adler an ihrer Spitze hat eine Spannbreite von acht Metern. Aufschlussreich ist die kurze Vorgeschichte zur Entstehung der Säule. Dieses für damalige Verhältnisse ungewöhnlich hohe Monument – es ruhte auf einem sechs Meter hohen Sockel – sollte ausschließlich an die während der Märzunruhen von 1848 *gefallenen 18 Soldaten* erinnern, während für die *254 toten Aufständischen*, die »Märzgefallenen«, auf dem Lindenberg in Friedrichshain ein eigener Friedhof angelegt worden war. Eine unmittelbar nach den 48er-Aufständen auf Versöhnung zielende bürgerliche Motion, *alle* Gefallenen gemeinsam zu bestatten, wurde sowohl vom preußischen (Militär-)Adel als auch von Kreisen der rebellischen Arbeiterschaft abgelehnt.

Durchaus ambivalent ist dieses auf den ersten Blick rein militärische Denkmal: Auf bizarre Weise lässt sich die 70 Tonnen schwere, massive Eisen-Stahl-Konstruktion wie ein spektaktuläres Meisterstück der Berliner Schwerindustrie ansehen. Sie hatte in unmittelbarer Nachbarschaft,

Das Invaliden Hauss. | La maison des invalides.

auf dem Gelände des späteren Naturkundemuseums, ihren Standort, ehe aufgrund des wirtschaftlichen Booms der Reichsgründung nach 1870 die Randwanderung der Industrie begann und die innere Stadt für neue Bebauungen frei und vollständig umgekrempelt wurde. In der Morphologie der Säule steckt aber auch der Schornstein – der Zeichner Calau hat in seinem Stich diesen Doppelaspekt festgehalten, es ist die produktive Seite der monumentalen Architektur, ein Aspekt, der den Militärs fremd ist.

Was 1997, als Ergebnis eines internationalen Wettbewerbs, auf dem Rechteck zwischen Scharnhorst-, Invalidenstraße und Schwarzem Weg errichtet worden ist, verblüfft und irritiert. In der Mitte erhebt sich ein quadratisches Bassin von 4 x 50 m, aus dem eine mächtige und leicht bedrohliche, schmale Rampe in Form eines zur Invalidenstraße hin ansteigenden Dreiecks herausragt. Als »begehbare Skulptur« wird in einem Stadtführer dieses ungefüge Monument bezeichnet. Wären es nicht die topografische Lage und der bloße Name, es würde nichts an die historische Gestalt und die vormalige Bedeutung erinnern, allenfalls, dass über dieses Areal zwischen 1961 und 1989 die Mauer verlief, doch selbst das weiß nur noch der Ortskundige.

Was dieses Gelände als Park oder erholungshaltige Grünanlage auszeichnet, erschließt sich auch bei näherer Betrachtung und Begehung nicht.

Über den von der Invalidenstraße mit fünf Stufen abgesenkten Pflasterplatz verteilt sind lehnenlose Bänke mit jeweils drei soldatisch gesetzten Ginkgos, deren besenstielartiger Habitus allein zur Verhässlichung hinreichen würde. Im dem Teil hinter dem Wasserbecken schließt sich ein Rasen und eine schüttere Baumwildnis an, die in einem blau gepflasterten Spielplatz endet. Wie wenig dieser Park genutzt wird, dessen Name am Ort selbst nirgendwo ausgeschildert ist, lässt sich am Fehlen von Trampelpfaden ablesen.

Auf einer Fotografie (vermutlich Sommer 1945) vom zerbombten Dach des Naturkundemuseums ist die vom Krieg verschonte Invalidensäule zu sehen. Der Bildaufbau legt nahe, dass der Fotograf Dietrich Ohm diese Säule, die wie eingerahmt zwischen dem Eisengerippe auftaucht, und den Betrachter *im Bild* zueinander in Beziehung setzen wollte. Die Säule ist der entscheidende Orientierungspunkt im lokalen wie im symbolischen Sinn. Der melancholische junge Mann, Siegfried Loenebeck, in seinem Straßenanzug und wie erschöpft an einer Verstrebung lehnend, ist ein Entronnener, ein Überlebender des Krieges. Das Pathos des namentlichen und ausschließlichen Gefallenengedenkens ist endgültig vorbei angesichts der totalen Kapitulation. Zu viele zivile Opfer gibt es, die nur noch summarisch genannt werden, und zu viele während des Krieges systematisch Ermordete, als dass man ihrer noch mit *einer* Säule gedenken könnte. Dieses Pathos ist invalid geworden.

Die Invalidensäule wurde 1948 auf Antrag der SED-Fraktion der Berliner Stadtverordnetenversammlung geschleift – wie das Hohenzol-
lernschloss galt sie als ein militaristisches Überbleibsel des preußischen
Staates. Das teilzerstörte Gelände wurde nach dem Krieg nicht weiter
gepflegt, mit dem Bau der Mauer rückte es in den unmittelbaren Grenz-
bereich und war somit Sperrgebiet. Unmittelbar nach dem Mauerfall
wurde ein Wettbewerb ausgeschrieben, der dann die »Neuinterpreta-
tion« des Parks in der jetzigen Form zeitigte. Interpretationswürdig
ist eher die Absicht, mit welchen architektonischen bzw. skulpturalen
Mitteln (Mauerkulisse, Brunnen und Bassin) man glaubte, hier »ein
Zeichen setzen« zu können. Diese aus dem Bassin aufragende schie-
fe Ebene erzählt trotz oder gerade wegen der schieren Kubatur nichts
Nennenswertes und Erinnerbares – sofern überhaupt jemand auf diesem abweisenden Gelände *verweilen* und neugierig nachfragen möchte.
Dem Platz fehlt die Orientierung im unmittelbaren wie im übertrage-
nen Sinn. Dieser leer-verstellte Raum des Parks will gar nicht betreten

werden – zu massig und zu abweisend und auf seltsame Weise geheimnislos ist die alles verriegelnde Rampe. Es wäre durchaus der Mühe wert gewesen, auf einem derart von der Geschichte verminten Gelände über eine Form nachzudenken, in der die verschiedenen Manifestationen einer disziplinierenden und triumphalistischen Zeit von 1850 bis 1989 hätten Gestalt annehmen können. Ein einfallsloses Pseudobauwerk erfüllt diese Anforderung nicht. Vertaner Raum, ausgelöschte Zeit.

Das Geheimnis des Adels ist die Zoologie

Karl Marx

Zu dem Moabiter Zellengefängnis von 1843 und der pomphaften Überhöhung der ruhmlosen Niederschlagung des Berliner Aufstandes von 1848 durch die Invalidensäule gesellten sich nach 1871 eine Reihe repräsentativer Bauwerke. Das größte ist das Museum für Naturkunde aus dem Jahr 1889. Gegründet wurde es in der Hochzeit des Imperialismus, der seine territorialen Aneignungen auch wissenschaftlich zu nobilitieren bestrebt war. Der besondere Standort dieses »gewaltigen Baus« ergab sich aus den neuen Lücken, die durch die von der Eisenbahn induzierte Randwanderung der Schwerindustrie entstanden waren. Es war eine »Schwerindustrie« wissenschaftlicher Art, die sich in und mit diesem Museum manifestierte. Der rapiden Expansion des städtischen Weichbildes entsprach eine innere Expansion unerhörten Ausmaßes. Der Aneignungshunger der zoologischen Sammler war ebenso unstillbar wie ihr Optimismus grenzenlos, die mitunter jahrzehntelang verzögerte Auswertung der herbeigeschafften Exemplare jemals bewältigen und in eine stabile Ordnung überführen zu können. Der in jüngster Zeit entfachte, euphorische (Alb-)Traum von *Big Data* nahm angesichts der sich auftürmenden Sammlungshalden hier zum ersten Mal Gestalt an.

**Erstbeschreibungen nach Jahrzehnten
mit den Maxima der Sammlungen und Entdeckungen**

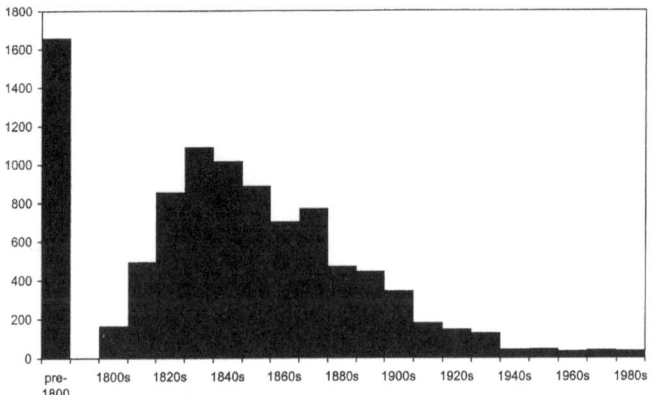

Vogelarten weltweit

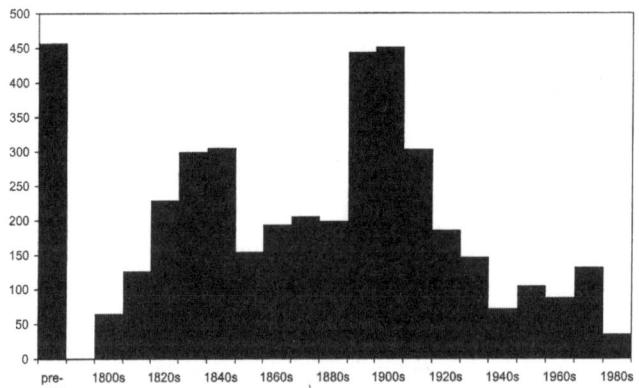

Säugetierarten weltweit

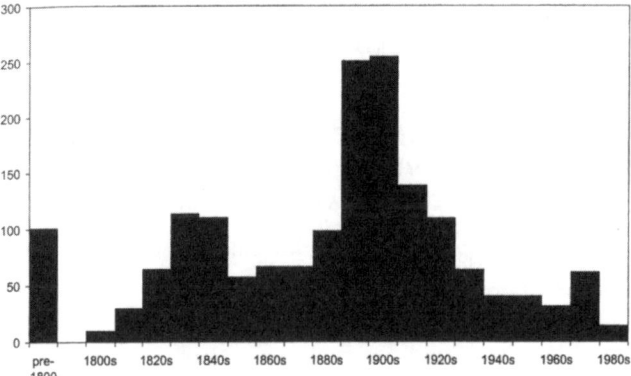

Nagetierarten weltweit

»Das Museum für Naturkunde«

Bruno Düringen im BERLINER TAGBLATT, 3. Dezember 1889 (Auszug)

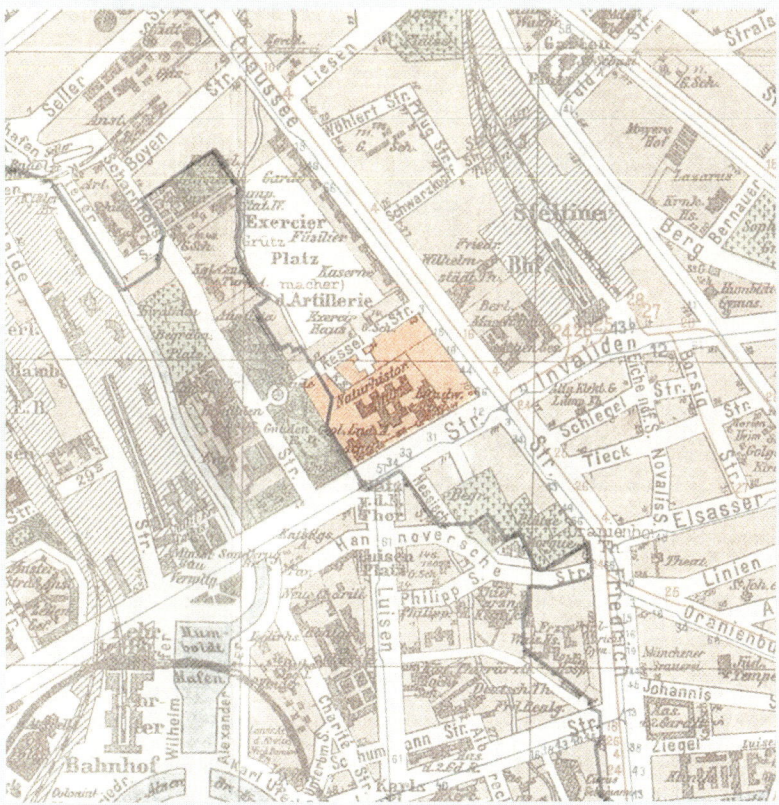

Im Nordwesten Berlins, zwischen »Unter den Linden« und Invalidenstraße, sind während der letzten Jahrzehnte stattliche Bauten aus der
Erde gewachsen, welche sämmtlich der Förderung und Ausgestaltung
der Naturwissenschaften, und zwar der rein theoretischen wie der an-
gewandten, dienen. Das physikalische und physiologische Institut, die
Bergakademie, die Landwirthschaftliche Hochschule mit ihren Sammlungen und Versuchs-Anstalten haben in gleicher Weise ihr Heim dort
aufgeschlagen wie das chemische und technische, das botanische und
pharmakologische Institut und in früher Zeit die Thierarzneischule. Jenen Marksteinen des »naturwissenschaftlichen Viertels« hat sich nun

eine neue naturwissenschaftliche Staatsanstalt zugesellt, die im Verlauf der letztverflossenen Jahre erbaut und eingerichtet worden, und es steht zu erwarten, daß, nachdem sie heute dem Kaiser und einer aus den Spitzen der Behörden und wissenschaftlichen Größen zusammengesetzten Corona ihre Pforten geöffnet haben wird, ihre Sammlungen auch demnächst dem großen Publikum zugänglich gemacht werden.

Der gewaltige Bau erhebt sich auf dem Grundstück der ehemaligen königlichen Eisengießerei hinter dem Platz am Neuen Thor an der Invalidenstraße, in der Mitte zwischen der Landwirthschaftlichen Hochschule und der Bergakademie.

Diese Sammlung soll den heutigen Stand der Wissenschaft, der Zoologie, so anschaulich wie möglich vergegenwärtigen, und daher wird sie nicht allein durch Aufstellung von Vertretern aller Gruppen des Thierreichs eine Uebersicht der gesammten Thierwelt bieten, sondern auch einen Einblick in das Thierleben gewähren, und zwar insbesondere des deutschen. Die Sammlung deutscher Thiere zeigt nicht etwa Hunderte und Tausende Exemplare schablonenmäßig aneinander gereiht, wie man es vielleicht vom alten Museum im Universitäts-Ge-

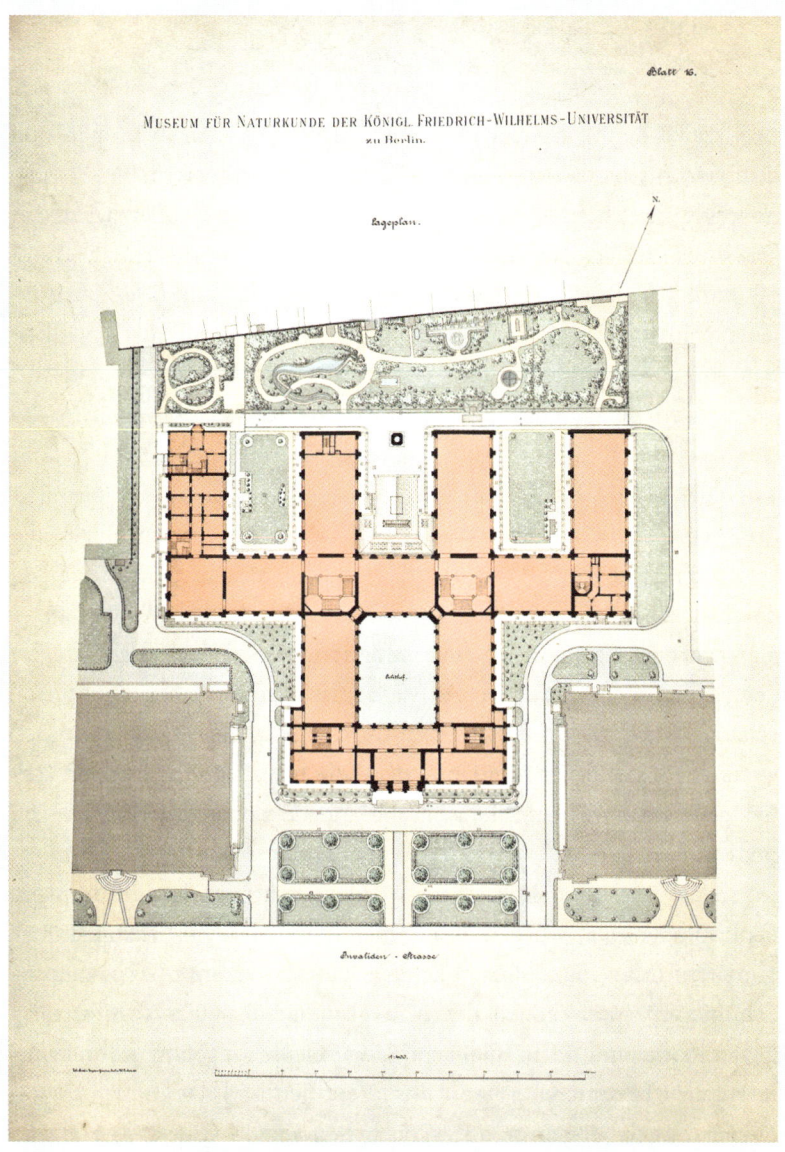

MUSEUM FÜR NATURKUNDE DER KÖNIGL. FRIEDRICH-WILHELMS-UNIVERSITÄT
zu Berlin.

bäude her gewöhnt war, sondern die einzelnen Arten nach Geschlechtern und Altersstufen, in verschiedenen Stellungen und Bewegungen, sie führt die Varietäten und etwaige Missbildungen vor, deutet Aufenthalt und Nahrung, Schaden oder Nutzen, veranschaulicht Nester und Eier und belehrt uns über den inneren Bau der einzelnen Spezies durch aufgestellte Skelette, Durchschnitte von Herzen, Lungenausgüsse, Muskel-Präparate und über den Wohnbezirk durch kleine Kärtchen und gedruckte Hinweise.

Gerade die mit treffenden Bemerkungen, mit dem deutschen und dem wissenschaftlichen Nahmen versehenen Etiquetten bilden eine Neuerung, welche das Publikum nur mit Freude begrüßen wird. Beispielsweise sei der Inhalt zweier solcher Etiquetten angeführt: »Wildschwein, Sus scrofa, L. Lebt in Rudeln. Durchwühlt die Erde (›bricht‹) nach Nahrung und wird dadurch den Saatfeldern sehr schädlich. Rauschzeit November, Setzzeit (Frischzeit) März – April. Das männliche Schwein heißt in der Waidmannsprache ›Keiler‹, das weibliche ›Bache‹, das junge ›Frischling‹. Oder »Graugans. Anser ferus. Brünn., Sommervogel, seltener oder nur auf dem Zuge in Süd- und Westdeutschland. Zug Februar – März, August. Brutzeit April – Mai. Stammform der Hausgans.« Selbstverständlich sind Ueberschriften respektive Namen durch besonderen, auffallenden Druck hervorgehoben. Außerdem erklären größere, an und in den Schränken angebrachte Tafeln die auf den Etiquetten gebrauchten, vielleicht manchem Besucher nicht gleich verständlichen Ausdrücke, und endlich sind in den Schränken noch gedruckte Täfelchen zu finden, welche die betreffenden Gruppen (Unterklasse, Ordnung, Familie) nach ihren gemeinsamen Merkmalen charakterisiren.

Sollen wir nun noch Einzelne aus dem Reichthum der Sammlungen herausgreifen? Das würde den Rahmen dieses Berichts erheblich überschreiten. Denn man wolle bedenken, daß die gesammte zoologische Sammlung (einschließlich der dem großen Publikum nicht zugänglichen Abtheilung) z. B. allein an Säugethieren ungefähr 7.000 Nummern, an Krebsthieren gegen 8.000, Reptilien und Amphibien 12.000, Fischen 14.000, Vögeln 30.000, Conchylien 40.000, Käfern 65.000 und an sonstigen Insekten noch etwa 80.000 Nummern birgt!

Und so läßt denn schon ein Blick auf das Äußere wie ins Innere dieses achtungsgebietenden Baues erkennen, daß hier der deutschen Hauptstadt eine neue Zierde entstanden ist, ein Institut, würdig des deutschen Reiches, würdig der deutschen Wissenschaft!

BERLINER TAGBLATT, 3. Dezember 1889

Eröffnungsfeierlichkeiten des Museums für Naturkunde am 2. Dezember 1889

Aus der Berliner Presse

Der Bau prangte, wie die anstoßenden Königl. Institute für Geologie und Landwirthschaft, im Fahnenschmuck. Von dem Eingangthor im Garten bis in den mittleren Lichthof hinein, bildeten Chargirte der Studentenschaft in Wichs, mit gezogenem Rapier und entfalteten Bannern Spalier. Der Lichthof selbst war in eine herrliche Festhalle verwandelt worden. An der einen Längswand war der Kaiserthron aufgeschlagen. Ein mächtiger Baldachin, mit goldenem Kronenhimmel überdachte die Sessel des Kaisers und der Kaiserin. Rechts und links davon zogen sich blaue, golddurchwirkte Velarien an den Wänden hin und bildeten den Hintergrund für die braunrothen Purpursessel mit goldenen Lehnen, welche die Mitglieder des Hofes aufzunehmen bestimmt waren. Parallel zu den Querwänden der Halle waren zu den Seiten des Thrones die Sesselreihen auf das Ministerium, hohe Staatsbeamte und Offiziere angeordnet. An der Längswand gegenüber dem Thron ragte das mächtige Skelett eines riesigen Buckelwals, der einzige bisher aufgestellte Vertreter der großen Thierformen, die später den ganzen Lichthof erfüllen sollten.

DIE POST, 3. Dezember 1889

Pünktlich um 12 Uhr betrat der Kaiser, in dem Interimsrock der Gardes du Corps, mit der Kaiserin, welche einen Mantel von dunkelrothem Plüsch und einen goldenen Hut trug, den Festraum unter Führung des Herrn v. Goßler und des Geheimen Kabinettsraths Lucanus. Das Kaiserpaar trat unter den Baldachin und hörte stehend die folgende Rede des sich seitwärts gegenüber aufstellenden Ministers v. Goßler an:

»Ew. Kaiserliche und Königliche Majestät!

Hundert Jahre sind verflossen, seitdem Preußens großer Staatsmann, Freiherr v. Heynitz, den ersten Grund zu den Sammlungen legte. Mit der Ausbreitung und der Theilung der Wissenschaften hielten die

105

Sammlungen gleichen Schritt; bald ward ihr Reichthum eine drücken-
de Last. Längst der öffentlichen Benutzung entzogen, verwirrten sie in
ihrer Unübersichtlichkeit den Lernenden, erschwerten die Benutzung
dem Forscher, verhinderten sie überdies die freie Bewegung ihrer alma
mater. So ward die Errichtung dieses Mueums zur befreienden That.
Vergessen sind die Sorgen der Vergangenheit.

Einheitlich ist dieser Prachtbau, wie die Natur, deren Kunde er gewidmet ist. Geschieden nach dem heutigen Bedürfniß der Wissenschaft
und nach der Begrenzung der menschlichen Kraft, stehen doch sämmt-
liche Institute und Sammlungen in innerer Verbindung.

Schon jetzt haben Reisende, welche wir mit patriotischem Stolze
unter uns erblicken, die in fernen Ländern gesammelten Belegstücke
ihrer wissenschaftlichen Arbeiten dem Staate überwiesen.

Das Buch der Natur liegt aufgeschlagen. Möge es viele Leser finden, –
möge es zahlreiche Geschlechter erquicken durch den Reichthum und
die Harmonie seines Inhalts, – möge es auch Forscher anziehen, welche
keinem anderen Ziele zustreben, als der Wahrheit. Dann werden Wissenschaft und Staat gleichen Erfolges sich freuen und dankbar unsere
Nachkommen der heutigen Feier gedenken, welche durch Ew. Majestät
Huld und Gnade einen wichtigen Abschnitt in der Entwickelung unseres wissenschaftlichen Lebens bildet.«

BERLINER TAGBLATT, 3. Dezember 1889

DAS STADTBILD GEHÖRT UNS

Berlin, Mittwoch, 12. April 1893, 10 Uhr vormittags Noch steht der Turm des Alten Doms auf der Nordseite des Lustgartens. Am 9. März *hatte der Kaiser angeordnet, daß die Sprengung mittelst Dynamit von Mannschaften des Eisenbahnbataillons ausgeführt wird.* Das Mauerwerk des Kirchenschiffs ist größtenteils schon abgerissen und jetzt, im ewigen Jetzt der Fotografie – angesichts des expandierenden Staub-Luft-Gemischs, das wie ein riesiger Brautschleier, eine verwirbelte und halb zerrissene Stola den Sockel und die Mauerreste und am Ende wohl auch den unter seinem schwarzen Tuch verborgenen Fotografen samt Kamera einhüllt –, jetzt wird der Turm fallen. Doch die Zeitung vom nächsten Tag weiß es anders: *Die Sprengung des Berliner Domthurmes, die am Sonnabend Morgen* [den 8. April] *stattfinden sollte, ist missglückt. Die Leitung war dem Major Gerding von der Eisenbahnbrigade übertragen worden. Die Minen, die eine Gesammtladung von 108 Kilogramm Dynamit hatten, waren jedoch nicht ausreichend, weshalb die Sprengung missglückte. Die neue Sprengung findet an einem der nächsten Tage statt.*

Diese Mitteilung stellt die Fotografie auf den Kopf und macht sie zu einem Dokument der enttäuschten Erwartung und zu einem Triumph der Illusion. Festgehalten ist der spektakuläre Auftakt, dessen zerstörerische Wirkung – die Staubwolke – wir wenige Augenblicke später schon förmlich zu sehen meinen. Aber der Turm erweist sich als unbeugsam und gewissermaßen ungehorsam, schließlich war seine Sprengung mit der für den Hohenzollern habituellen Exaltiertheit angeordnet worden. Eine neue Explosion wird vorbereitet – doch das historische Bilddokument des entscheidenden Augenblicks ist anlässlich der fehlgeschlagenen Detonation bereits auf die Fotoplatte gebannt. Was uns bis heute als »Sprengung« überliefert ist, zeigt die spektakuläre, aber zunächst einmal wirkungslose Verpuffung, die mählich entweichenden Schwaden.

In der Schilderung des »Teltower Kreisblatts« wird die technische und wohl auch die symbolische Dimension des Debakels offenkundig: *Rechnet man die Zündmasse ab, so traten genau 138 Kilogramm Sprengstoff in Wirksamkeit. Zehn Minen lagen an dem nördlichen, zehn Minen an dem südlichen Fundamente. Die Zündung erfolgte diesmal für je zehn Minen gesondert, und zwar durch dynamoelektrische Zündapparate, die hinter einem Gebüsch zwischen dem Denkmal Friedrich Wilhelms III. und dem Schlosse durch zwei Soldaten der Eisenbahnbrigade zu gleicher Zeit nach Zählen in Thätigkeit gesetzt wurden. Als die Zündung erfolgt war, flogen kleine Stücke von Mauersteinen hagelartig in den Lustgarten und wiederum verdeckte eine Staubwolke das Bild. Wenn auch mit vielen Rissen, schien der Thurm noch ziemlich unversehrt dazustehen.*

Ohne natürlich jenes »Bild« von Schwartz zu kennen, ahnt der Berichterstatter die sehr viel weiter reichende Konsequenz der halb misslungenen Sprengung. Die Aktion vor den Augen des Monarchen verlief,

so könnte man den Vorgang übersetzen, protokollarisch nicht korrekt. Die forciert betriebene Beseitigung des ungeliebten, weil angeblich zu wenig repräsentativen Bauwerks rückt die ganze Kulissenschieberei in ein schiefes Licht. Am Ende könnte dies auch auf die nicht zufällig am selben Tag eröffnete Bauausstellung der beiden großen Modelle für die künftige Gedächtniskirche einen Schatten werfen.

Kaum haben sich die Staubschleier verzogen, hat der höchste und höchst irritierte, privilegierte Zuschauer seinen prominenten Auftritt. Aber die Erwartungen des Monarchen werden schwer enttäuscht – während dem Fotografen das Kunststück einer vollkommenen Illusion geglückt ist.

Und so, wie dieser aufdringliche und den praktisch-vernünftigen Dingen des Lebens entzogene Kaiser zwei Jahre später bei der Eröffnung des Nord-Ostsee-Kanals darauf bestehen wird, als Lenker und Steuer-

mann des Reichs das erste Schiff eigenhändig durch den Kanal zu len-
ken*, besteht er auch jetzt auf dem Oberbefehl über den widerborstigen
Turm: *Das Kaiserpaar sah dem Sprengversuche von dem Portal v aus zu.
Als das Mauerwerk dem Sprengstoff auch diesmal Trotz bot, gestikulirte
der Kaiser lebhaft. Major Gerding hielt dem Kaiser einen längeren Vor-
trag, nach welchem nur die äußerst starke Verankerung des Mauerwerks
den Zusammenfall verhindert habe.*

Major Gerding ist von seinem eigenen Tun offenbar so stark erregt, dass
er, wie es im »Kreisblatt« weiter heißt, in die Worte ausbrach: *»Die mir
auferlegte Vorsicht habe ich nicht außer Augen gelassen, und es ist nach
meiner Ansicht besser, nochmals zu sprengen als ein Unglück zu bekla-
gen.«* Daraufhin *nickte der Kaiser zustimmend mit dem Haupte.* Doch zu
einer weiteren Sprengung wird es nicht kommen. Der Turm ist bereits
so stark angegriffen, dass er, wie ein waidwundes Tier, kurz nach vier

Uhr nachmittags endlich nachgibt: *Die ganze Ruine schien zu erbeben,*

die dicken Mauern wankten ein paar Sekunden, und dann stürzte die
mächtige Mauermasse mit großem Krach in sich zusammen.

Es ist ein Glücksfall für die Fotografie und für die Stadtgeschichte glei-
chermaßen, dass Schwartz die hell hervorquellenden Staubwolken bereits während des ersten Sprengversuchs am Sonnabend aufgenommen
hatte, denn was sich jetzt, in den Minuten des tatsächlichen Einsturzes,
ereignet, hätte das Bild vermutlich vollständig verhüllt: *Eine undurch-*
dringliche röthlich-gelbe Staubwolke erhob sich auf dem Bauplatz, und
es dauerte geraume Zeit, bis sie über das Schloß hinweg geweht wurde.
Die Neugierigen, die zur Zeit des Zusammenbruchs auf der Kaiser-Wil-
helmbrücke und im Lustgarten gestanden hatten, ergriffen, als sie den
Einsturz kommen sahen, in übergroßer Eile die Flucht, obgleich ihnen
dort, wo sie standen, gar kein Unglück widerfahren konnte, und stoben
nach allen Richtungen auseinander, die ihnen sicher zu sein schienen.
Aus dem Schutthaufen, der jetzt den alten Domplatz bedeckt, ragen ei-

nige bunt durcheinander geschobene Mauerstücke von außerordentlicher
Größe heraus, Stücke von mehreren Kubikmetern Gehalt.

Im Rückblick – und im Blick auf diese Fotografie – scheint es, als sei
Schwartz einer unbewussten Intention gefolgt, die »Furie des Ver-
schwindens« dingfest zu machen, hat er doch in der Mehrzahl Bauwerke und Stadträume festgehalten, die in sehr kurzer Zeit, Ende des
19. Jahrhunderts, aus dem Berliner Stadtbild getilgt wurden.

Zehn Jahre vor der Sprengung des Alten Doms verzweifelt der Berliner
Stadtwanderer und Chronist Julius Rodenberg angesichts der zahlreichen Abrisse: *Es ist alles wie fortgefegt, als ob es niemals gewesen. Haben
wir selbst doch Mühe, den Zustand der Dinge, die wir vor wenigen Jahren,
ja vor wenigen Monaten noch leibhaftig gesehen, uns zu vergegenwärtigen. Es ist alles weg und dahin; und so kurz das menschliche Gedächtnis,
daß wir in abermals zehn Jahren nur noch in den Büchern lesen werden,
wie es hier ehedem gewesen. Und da der Magistrat, der doch sonst für al-*

erfunden und gezeichnet von Schinkel 1823.

les sorgt, nicht dafür gesorgt hat, das, was nunmehr verschwunden ist, im Bilde zu verewigen, so will ich wenigstens einige Züge festhalten et haec olim memisse juvabit [und das wird dazu beitragen, sich zu erinnern].

Schwartz hat aus eigenem Antrieb das sukzessive Verschwinden dieses Doms fotografiert, als könne erst die Serie den Berlinern anschaulich machen, was sie zu verlieren im Begriff sind und was sie, wie dann am Beispiel des neuen Doms offenkundig werden wird, tatsächlich verloren haben. Ein seltsames Schicksal wollte es, dass das *einzig dramatische Foto* – die (misslungene) Sprengung – *nicht* veröffentlicht wurde, während die Bilder davor und danach bis zum Jahr 1900 als Ansichtskarten mit dem qualitätslos-jovialen Aufdruck »Gruss aus Berlin« vertrieben wurden.

Als würden sie durch die Explosion aufgeschreckt, erheben sich die beiden im Hintergrund aufragenden Akroterien, die Rossebändiger des Bildhauers Tieck auf dem Dach des Alten Museums, und bäumen

Gruss aus Berlin. 30a. Der alte Dom kurz vor der Sprengung.

sich förmlich auf gegen die drohende Lädierung des Lustgartens, gegen Wilhelms inflationäre Kirchenkasernen-Politik, die, einem obskuren Wiederholungszwang folgend, wie eine zweite Missionierungswelle über Preußen hinwegfegt.

Der Kaiser war zur Zeit des Zusammensturzes vom Schloß abwesend und er war nicht wenig erstaunt, als er, mit der Kaiserin von einer Ausfahrt zurückkehrend, den alten Dom in Trümmern fand – fast glaubt man, er sei über die Tatsache der von ihm betriebenen Zerstörung irritiert, doch äußert er sich schließlich befriedigt, dass *die Angelegenheit ohne Unfall erledigt worden sei.*

Eine Säule aus dem Mittelschiff und zwei Knospenkapitelle haben die Sprengung überlebt: Jene steht solitär, beziehungslos und verwaist noch heute auf dem Gelände der Technischen Universität, diese wurden – aus Pietät oder wie zum Hohn? – auf den Umgestalter des Alten Doms, vor dem Schinkel-Pavillon am Schloss Charlottenburg in den Boden gerammt: blinde Spolien, über welche die Zeit und die Erinnerung hinweggegangen sind. Für die erwachende »Baulust« in den Vorstädten Rixdorf, Schöneberg, Friedenau und Deutsch-Wilmersdorf hatte der Abriss einen durchaus praktischen Gewinn: *Stark begehrt sind die von den großen Abrüchen in Berlin herrührenden Mauersteine. So werden auch die meisten Materialien des Berliner Domes hier bei zahlreichen Häusern wieder Verwendung finden.*

Das ohnehin prekäre Zentrum dieser unzentrierten Stadt ist durch das Monstrum des neuen Doms vollkommen aus dem Gleichgewicht geraten. Der seit 1904 sich aufblähende »Neue Dom« vernichtete die einigermaßen gezähmten Proportionen, die Schinkel und Lenné dem baulich heterogenen Ensemble des Lustgartens, mit dem wuchtigen Kasten des seit jeher ungeliebten Schlosses im Osten, haben angedeihen lassen. Während Schinkel, der das Berliner Barock beargwöhnt und in weiten Teilen auch abgeräumt hat, das ältere Bauwerk von Bouman noch maßvoll umzugestalten wusste, ist der neu entstandene Kirchenbau, der mit berlinisch parvenuhafter Übertreibung sogleich als einer »im Stil der italienischen Hochrenaissance« verkauft wurde, im Grunde der Triumph des zweiten Wilhelms schlechten Geschmacks über Schinkel und über Friedrich Wilhelm IV.

Für das »Teltower Kreisblatt« und gewiss nicht allein für diese Zeitung begann mit dem Abriss des alten Doms die neue Zeit: »Vom alten Dom und vom neuen Berlin«. Dass diese Havarie die erst vor wenigen Jahrzehnten etablierten Proportionen des Lustgartens sprengt, will dem Schreiber nicht in den Sinn kommen.

In einem gespenstischen Röntgenblick durch die Zeitmauer des Ersten Weltkriegs entlarvt der rabiat-empfindliche Carl Sternheim 1920 in seiner Polemik *Berlin oder Juste Milieu* diese »Baulust« der wilhelminischen Jahre [»Deutscher Dom«] als fortgesetzte Zerstörungseuphorie, die als eine Manifestation des unstillbaren Ausdehnungshungers sich breitmacht: *Nachdem nämlich erst einmal den Massen Ansprüche beigebracht worden waren, hatten sie von sich aus Tag für Tag größere, und immer noch ermunterte die Presse sie darin, indem sie von des Deut-*

schen Auserwähltheit und des Berliners voran nicht genug Worte machen, in illustrierten Zeitungen die platteste Albernheit, den stumpfsinnigsten Untertan nicht oft genug photographieren konnte. Alles, was in Berlin geschah, war ohne Vergleich.

Fortgesetzt riß man erst Hingebautes ab, baute gewaltiger neu, baute in Erde und Luft. Errichtete Denkmäler reihen- und gruppenweise, demolierte, um größere Apotheosen hinzusetzen, verbrauchte atemlos, um mit gesteigerter Produktion nicht nur schnelleres Verbrauchen zu veranlassen, sondern, weil das hysterisch geschraubte Hervorbringen auch einziges Mittel wurde, die bei solchem Gedeihen lustig emporwuchernden Massen zu beschäftigen.

Die leidige Schlossdiskussion hätte vermutlich besser daran getan, von einem Abriss des Neuen Doms auszugehen, um dadurch zu einer gänzlich neuen, offenen und phantasievollen Raumerschließung eines erweiterten Lustgartens vorzudringen.

Bald nach der Fertigstellung des Neuen Doms geht der Kritiker Karl Scheffler mit den Geschmacklosigkeiten Wilhelms II., wie sie sich an diesem Neubau unverhüllt zeigen, ins Gericht. Es bleibt kein Stein auf dem andern.

Wenn der Plan, in Berlin eine neue Domkirche zu bauen, von dem schon unter Friedrich Wilhelm III. (1770 – 1840) viel die Rede war, bis zu den neunundneunzig Tagen Kaiser Friedrichs immer wieder vertagt wurde, so war im wesentlichen das Gefühl für die Wichtigkeit und Verantwortlichkeit der Aufgabe schuld daran. Die Beteiligten, zu denen auch Schinkel gehörte, empfanden, dass das Beste gegeben werden müsse, was moderne Baukunst zu leisten vermag. Dem stellte sich aber stets ein prinzipieller Widerspruch entgegen, eine Unwahrhaftigkeit, die in der Idee liegt und aller reinen Anstrengung spottet. Dagegen konnte selbst Schinkel mit der Fülle seines nachgeborenen Genies nicht aufkommen, was man deutlich erkennt, wie weit seine Kirchen hinter seinen anderen Werken zurückbleiben und wie unsicher er sich gerade in den Domplänen gefühlt hat. Ihm bot sich nirgends die führende Notwendigkeit, das fordern-

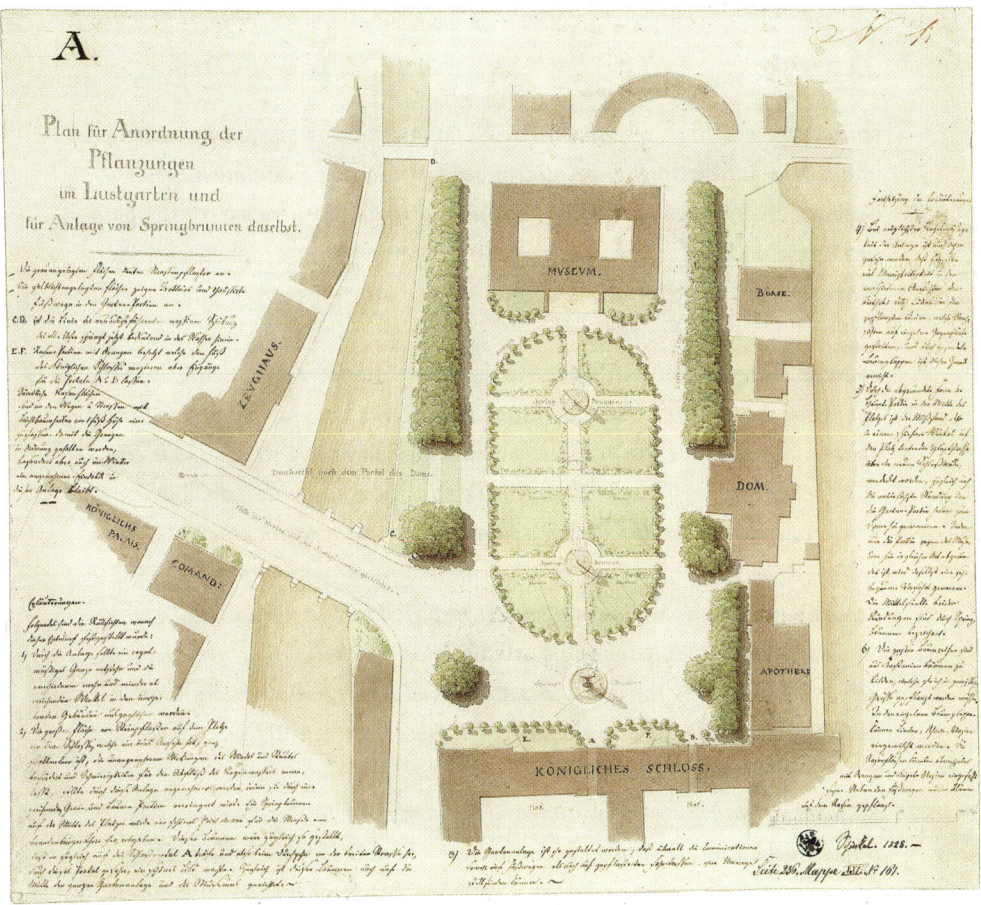

de Bedürfnis. Er fühlte, und mit ihm seine Zeit, zu romantisch-hellenisch, zu goethisch-heidnisch, um eine schlichte protestantische Predigthalle vorschlagen zu können; und andererseits blieb ihm die Idee einer kalten Repräsentationskirche fremdartig.

Eine rein darstellende Architektur, die nur dem Auge imponieren soll und deren Inneres sein kann, wie es will, weil der Gottesdienst so wesenlos geworden ist, dass er sich jeder Raumdisposition anpassen lässt: das wäre eine Aufgabe für Barockphantasie genialer Dekorateure, für Künstler, die auf dem sicheren Boden eines geltenden Stils stehen, aber nicht für einen schöpferischen, absichtsvollen und – nur wenige wissen es! – modernen Geist, wie Schinkel es war.

Die entscheidende Schwäche, das Versagen der Baukunst in der Zeit nach Schinkel, erkennt Scheffler unter anderem in einer unstatthaften Bean-

119

spruchung der Architektur für die Gefallsucht des Kaisers und einem aufgeblähten Selbstdarstellungsgehabe des neu gegründeten Reiches – begleitet im Fall des Kirchenbaus von einer vollkommenen Entleerung des Ritus; doch ist es genau diese monumentale Wesenlosigkeit, welche Monster wie den neuen Dom zeugt.

Unserer skrupellosen Zeit ist es vorbehalten geblieben, die Künstlerbedenken dieser Art gründlich zu überwinden. Das feinere Verantwortlichkeitsgefühl musste erst im Illusionismus des jungen Reichsbewusstsein untergehen, bevor der alte Plan hastig zur Tat werden konnte. Den gelehrten Baubeamten Raschdorff schreckten die Widersprüche nicht. Das geeinte Reich bedurfte vor allem des Glanzes nach aussen, und jeder anderen Rücksicht stand dieses Repräsentationsbedürfnis voran.

Dieser neue Dom ist eine riesenhafte Staatsreklame für einen Gedanken der Staatsdisziplin und dynastischen Machtentfaltung. Der Gottesdienst muss sich diesen äusseren Zwecken vollkommen unterordnen. Nicht einen Predigtraum braucht man, sondern die Forderung ging auf einen gewaltigen Kuppelraum, mit Säulen und Statuen in Metall und Marmor, mit Bildern und Mosaiken, mit Logen für den Hof und für das seidene Hofgesinde, mit Musikemporen und Chortribünen. Man wollte einen katholisch prunkenden Dom: eine Jesuitenkirche. Nicht bewusst wollte man es; aber der Instinkt hat gesprochen, und so ist uns diese Reichsrenommierkirche, worin der Glanz und die Pracht und die Herrlichkeit des Kaisertums sich dem Volke überwältigend entfalten sollten, beschert worden.

Die rein kubische Mächtigkeit der Massen des neuen Doms hätten wirken müssen, wenn nur ein wenig wirkliche, lebensvolle Harmonie zustande gekommen wäre; nun aber ist das niedrige, im Vergleich kleines Museum Schinkels grossräumig und monumental gegenüber der bunten Unruhe des Kolosses.

Diese Art zu bauen ist, als nähme ein Anatom von zwanzig Pferden verschiedene Körperteile, um ein Idealpferd zusammenzustellen. Das so konstruierte Muster würde nicht nur tot sein – was ja immerhin nicht ganz unwesentlich ist –, sondern auch abscheulich charakterlos. Kunstwerke können nur wachsen wie Naturorganismen; diese nach den Gesetzen der Natur, die das Ideal stets anstrebt, ohne es je ganz zu erreichen, jene nach den Gesetzen der individualisierten Seele, die auch das ganze Ideal immer will und es doch nur stückweise verwirklichen kann.

Der entscheidende und sehr viel weiter reichende Impuls als die schiere Architekturkritik aber ist Schefflers Beharren auf einem gemeinschaftlichen Besitz: »Das Stadtbild gehört uns«. Was in der »kalten Wüste Berlins« seit der Gründerzeit hochgezogen und ins Breite gedehnt wurde, geht mit einer grotesken und gefährlichen Einseitigkeit der Planungshoheit einher; die Residenzstadt hat sich zur imperialen Metropole gemausert (Dom) und die Volksvertretung vor das Tor gesetzt (Reichstag).

Schefflers ebenso ästhetischer wie politischer Imperativ aus dem Jahr 1908, die Erinnerung an etwas Unveräußerliches – »das Stadtbild« – und die Mahnung und Aufforderung, dieses mit allen zu Gebote stehenden Mitteln zurückzuerobern, sind von fragloser Aktualität.

Es musste erst ein Krieg verloren gehen und der Kaiser und mit ihm das Reich abdanken, ehe eine – dem Reichsgedanken fremde – Republik sich halbwegs etablieren konnte. (Nur am Rand: Seltsame, signifikante Ortsverschiebungen gehen mit diesem Formenwechsel einher; das Reich wird auf dem Boden der ersten europäischen Republik, in Frankreich, dort aber im Refugium des abgedankten Kaisertums, in Versailles, ausgerufen; während die Republik von jenem Balkon des Berliner Schlosses verkündet wird, von dem Wilhelm II. Abriss und Aufbau seines kalten Kirchenpalastes überwachte.)

Jedes Jahrhundert hat nur eine bestimmte Anzahl von Monumentalaufgaben zu vergeben. Wenn die Bautätigkeit in Berlin – in anderen deutschen Grossstädten geht es ähnlich – aber noch ein Jahrzehnt lang in demselben Tempo weitergeht, werden unsere Söhne grosse Monumentalaufgaben nicht mehr vorfinden und gezwungen sein, mit dem Erbe zu leben, das sie notwendig verachten müssen. Der Vorgang ist in der Kunstgeschichte ohne Beispiel, dass eine Periode so leidenschaftlicher Bauwut mit absolutem Unvermögen zusammenfällt. Es gibt zwar Einsichtige genug, die dieses Galopptempo für sehr schädlich halten; aber sie haben kei-

ne Stimme. Die Faktoren dagegen, die einigen Einfluss auf die in Berlin
vom Kaiser so unmässig begünstigte akademische Unfähigkeit ausüben
könnten, versagen oder wirken nach falscher Richtung.

Wer da bauen will an den Gassen, muss die Leute reden lassen. Das
Stadtbild gehört uns allen. Und wenn ohne Sentimentalität zuzugeben
ist, dass die Macht auch ein Recht ist, so ergibt sich als Konsequenz doch
der Wunsch, der persönliche Wille des Monarchen möchte eine Gegen-
macht finden. Der Kaiser nimmt sich das Recht zu seinem Wirken und

ist überzeugt, dieses sei segensvoll; dagegen hilft keine spitze Feder und kein schlechter Witz, sondern nur die Propaganda dafür, dieses Recht möchte mit allen erlaubten Mitteln bestritten werden.

Postscriptum 1925: Es war der für die Grünanlagen Berlins so überaus wegweisende Gartenarchitekt Erwin Barth, der offenbar aus eigenem Antrieb einen Entwurf zur Neugestaltung des Lustgartens konzipierte. Vor der Errichtung des dröhnend auftrumpfenden neuen Doms war der Platz bereits 1871 einem Anschlag der Hohenzollern zum Opfer gefallen – durch die Errichtung eines monumentalen Reiterstandbilds Friedrich Wilhelms III. »mittenmang«: einer steinern-patriotischen Manifestation des wenige Monate zuvor ausgerufenen Kaiserreichs. Dieses Denkmal erschütterte, ja zerstörte die von Lenné und Schinkel geforderte Weiträumigkeit des Platzes, indem es durch seine schiere Dimension den Blick auf die breite, antikische Fassade des Alten Museums auf das Übelste behinderte und darüber hinaus die wie schwebenden Akroterien auf dem Dach des Museums unfreiwillig karikierte.

DAS BERLINER KINDERSPIEL
DER GEGENWART

Vorname: *Evelyn*   Name: *Hoff*   Alter: *9*   Klasse: *3*

Welche Spiele spielt ihr jetzt auf der Straße am liebsten?

*Hopse, Schule, Wille – Wipp,
Halihalo, Völkerball, Versteck,
Blumenzeck, Räuber und Prinzessin,
Handball, Puck- Puck, Rommee,
Schwarzerpeter, Rollschuhlaufen*

Fragezettel, ausgefüllt in der 16. Grundschule, Friedrichshain, Jessnerstraße

der Formulierung der Frage nach den Spielen war eine Reihe von wichtigen Gesichtspunkten zu berücksichtigen. Möglichst alle Jahrgänge der Grundschule sollten in die Aufnahme einbezogen werden. Es konnten deshalb keine speziellen Fragen nach Spielregeln und Beschreibungen einzelner bestimmter Spiele gestellt werden, da die jüngeren Kinder einer solchen Aufgabe nicht gewachsen sind. Die Fragezettel sollten außerdem in kurzer Zeit und ohne Hilfe Erwachsener ausgefüllt werden, um eine Beeinflussung der Kinder von anderer Seite zu verhindern. So blieb nur die Möglichkeit, es den Kindern zu überlassen, welche Spiele sie nennen wollten, wobei es von vornherein klar war, daß sie nur die Bezeichnungen der Spiele angeben würden und daher eine Beschreibung der Spiele auf anderem Wege beschafft werden mußte. Die Art der gewünschten Spiele wurde näher bestimmt durch den Zusatz „auf der Straße", eine Redewendung, die jedem Berliner Kind geläufig ist und die keiner näheren Erläuterung bedurfte. Durch diese Beschränkung sollten alle anderen Spiele, die im Kindergarten, in der Schule, in der Jugendorganisation oder in der Stube üblich sind, ausgeschlossen und die Aufmerksamkeit der Kinder auf die Spiele im Freien gelenkt werden. Eine weitere Einschränkung wurde durch die Zeitbestimmung „jetzt" beabsichtigt, da nach allen bisherigen Erfahrungen die Kinder eine sichere Auskunft nur über die Spiele zu geben vermögen, die sie gerade spielen, über die Spiele der vergangenen Jahreszeit oder des vergangenen Jahres jedoch nur unsicher und unzuverlässig berichten können. Der Zusatz „am liebsten" war nicht als Einschränkung

10

2. *Ziehe durch*, erste Phase: die Kinder laufen durch
die Brücke (Prenzlauer Berg, Lychener Straße)

3. *Ziehe durch*, eine der letzten Phasen:
die *Engel* werden hin- und hergeschwungen

gesprochen (ungefährer Sprechduktus):

kam der lie - be Son - nen - schein, die - se Da - me soll es sein.

Bei den Worten *Hier wird Platz gemacht* öffnet sich der Kreis, der außen Gehende kommt herein und geht innen weiter. Nach dem letzten Wort des Liedes zählt er ab: *Eins zwei drei!* Auf wen dann die Zahl drei fällt, wird Einzelspieler beim nächsten Spiel.

(Nach Ute F., 12, Prenzlauer Berg, 1954.)

Ziehe durch

Zwei Kinder verabreden, wer von ihnen den *Teufel* und wer den *Engel* darstellen soll, und außerdem zwei Deckwörter für diese beiden Begriffe, meist *Apfel* und *Birne*. Dann stellen sie sich auf, reichen sich die Hände und heben die Arme zur Brücke. Alle andern Kinder schreiten hintereinander durch diese Brücke und singen dabei:

Zie - ge durch, zie - ge durch, durch die gold - ne Brü - ke,

sie ist ent - zwei, sie ist ent - zwei, wir wolln sie wie - der flö - ken,

mit was denn, mit was denn, mit ei - ner - lei, mit stei - ner - lei,

weiter gesprochen:

der érste kommt, der zweíte kommt,
der dritte muß gefángen séin.

Wer sich bei den Worten *der dritte muß gefangen sein* gerade unter der Brücke befindet, wird gefangen, indem die beiden Kinder, die die Brücke darstellen, ihre Arme herunterschlagen. Der Gefangene wird gefragt *Apfel oder Birne?* Entsprechend seiner Antwort muß er hinter einen der beiden Brückendarsteller treten und hier warten, bis auch alle andern in der gleichen Weise gefangen sind. Jetzt erst erfahren die Kinder, ob sie hinter dem *Teufel* oder hinter dem *Engel* stehen. Die Gefangenen des *Teufels* werden nun einzeln

17

In dem Spiel *Länder klauen* (oder *Länder stehlen*) verbinden sich Züge der bisher genannten Spiele mit einer Spielhandlung, die aus einer anderen Spielart stammt (vgl. oben S. 33).

Länder klauen

Jeder Teilnehmer zeichnet für sich mit Kreide einen größeren Kreis auf das Pflaster und schreibt einen Ländernamen hinein. Etwa im Mittelpunkt dieser Kreise wird ein weiterer Kreis gezeichnet. In diesen Kreis tritt der Einzelspieler, während die andern in ihren eigenen Kreisen stehen. Der Einzelspieler wirft einen Ball zur Erde und ruft dabei ein Land auf. Der Aufgerufene eilt zum Ball, während alle andern weglaufen, fängt ihn und ruft: *Halt!* Dann versucht er einen der Nächststehenden zu treffen. Gelingt das, so verliert der Getroffene ein Stück Land an den Werfer und muß das Spiel fortsetzen. Trifft er nicht, so darf umgekehrt der Angerufene vom Land des Werfers einen Teil mit Kreide abteilen und seinen Ländernamen hineinschreiben. In diesem Fall muß der erste Einzelspieler das Spiel fortsetzen. Wer sein gesamtes Land verloren hat, scheidet aus.

(Nach Irene Z., 12, Friedrichshain, 1955.)

Im Gegensatz zu den übrigen Spielen dieser Gruppe, bei denen der vom Ball Getroffene die Aufgabe des Einzelspielers übernehmen muß, scheidet bei dem auf Lichtenberg beschränkten *Prinzeßball* der Getroffene oder der Werfer, der einen Fehlwurf getan hat, sofort aus dem Spiel aus, so daß sich hier die Spielschar ständig verkleinert und der Letzte das Spiel gewinnt:

Prinzeßball

Die Kinder stehen auf dem Damm. Ein Spieler wirft einen Ball hoch und ruft dabei den Namen eines andern, der den Ball fangen muß. Fängt dieser den Ball, so wirft er ihn wieder hoch und ruft den Namen eines andern Spielers. Fängt er den Ball erst nach dem Auftippen, so ruft er: *Halt!* Bei diesem Ruf müssen die andern, die inzwischen weggelaufen sind, stehenbleiben. Dann versucht er, einen Mitspieler mit dem Ball zu treffen. Gelingt es ihm, so muß der Getroffene ausscheiden; gelingt es ihm jedoch nicht, so muß er selbst ausscheiden und die andere setzt das Spiel fort. Es wird so lange gespielt, bis nur noch ein Spieler übrigbleibt. Dieser ist dann der *Prinz* (Junge) oder die *Prinzessin* (Mädchen). Bleibt er auch in den folgenden Spielen stets der Letzte, so steigt er in der Rangordnung; er wird nacheinander: *Kronprinz, König, Kaiser, Papst.*

(Nach Erika G., 14, Lichtenberg, Wartenbergstraße, 1954.)

Einfaches Spielgeschehen — ständiger Wechsel des Standortes — kennzeichnet das Spiel *Kaiser-König-Edelmann:*

59

7. *Länder klauen*, bei Beginn des neuen Spiels steht jeder Teilnehmer in seinem Sektor (Steglitz, Düppelmarkt)

In Berlin, einer Großstadt, deren einzelne Stadtviertel und Ortsteile nach ihrem städtebaulichen Charakter wie nach ihrem sozialen Gepräge außerordentlich stark differenziert sind, durfte man für das Kinderspiel auch größere lokale Unterschiede erwarten, schreibt der Volkskundler Reinhard Peesch. Tatsächlich ist ihm mithilfe von vielen, an den Schulen von ganz Berlin verteilten Fragezettel ein ungewöhnlich reichhaltiges Buch, eine Quellensammlung von Spielen aus Kriegs- und Nachkriegsjahren entstanden. Zu den schriftlichen Quellen kommen eine Reihe von Fotos, die der Verfasser gemacht hat.

Blickt man auf die Fotos des Verfassers, so möchte man glauben, es herrsche ein ewiger autofreier Sonntag, so leer sind die Straßen und so groß und unbehindert sind die Spielflächen für die Kinder. Es berührt seltsam, wenn man bedenkt, dass jene Kinder, deren Vornamen zusam-

126

men mit dem Familien-Initial angegeben sind, heute im fortgeschrittenen Rentenalter sind. Ob sie sich noch an den neugierigen Herrn Peesch oder seine Fragebögen erinnern?

Kreisspiele, Hüpfspiele, Schreitspiele, Haschespiele, Versteckspiele, Scherzspiele, Erwerbspiele, Spiel mit dem Modellauto, Ball-Geschicklichkeitsspiele, Ballspiele mit erweiterter Spielhandlung, Ball-Mannschaftsspiele, Rollenspiele, Regelfreie Bewegungsspiele unterscheidet der Verfasser, fast alle Spiele sind sprachlich stark rhythmisiert, gereimt und formelhaft verdichtet.

5. *Hopse*, Tour *Berlin—Stettin* mit geschlossenen Augen

Nach meinen Beobachtungen wird jedoch das als *Hopse* bezeichnete Spiel keineswegs häufiger gespielt als die anderen Formen. Deshalb wird man hier die Angabe *Hopse* als Andeutung des Oberbegriffs ansehen müssen. Als Beispiele der in Berlin üblichen Formen des Figurenhüpfens seien hier die einfache *Hopse, Montag-Dienstag-Hopse, Mondhopse, Englische Hopse, Wasserhopse, Briefhopse, Karohopse* und *Ballhopse* beschrieben.

Hopse

Auf dem Bürgersteig wird mit Kreide die Figur gezeichnet. Die Größe der Felder entspricht meist den in der Mitte des Bürgersteigs liegenden großen Pflastersteinen. Eine kleine Kette, die *Hopsekette*, wird in ein Feld geworfen und dann von Feld zu Feld gestoßen oder über die Felder getragen. Die Regeln für die einzelnen aufeinanderfolgenden Touren sind:

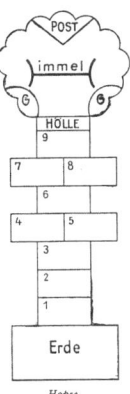

Hopse

1. *Hopse vorwärts* (von der *Erde* aus Kette in Feld 1 werfen, Kette aufnehmen; Kette in Feld 2 werfen, auf einem Bein bis Feld 1 hüpfen, Kette aufnehmen und zurückhüpfen; usw. bis Feld 9);
2. *Himmel werfen* (Kette in das Feld *Glück* [durch ein G gekennzeichnet] werfen; gelingt das, so darf eine der folgenden Touren ausgelassen werden);
3. *Hopse rückwärts* (vom Himmel aus Kette in die einzelnen Felder werfen, mit dem Feld 9 beginnend; also umgekehrt wie Tour 1);
4. *Schurre* (auf einem Bein hüpfend die Kette von Feld zu Feld stoßen bis zum *Himmel* und wieder zurück);
5. *Eiertragen* (Kette auf einen Fuß legen und durch alle Felder gehen bis zum *Himmel* und wieder zurück);
6. *Kopf* (Kette auf den Kopf legen und durch alle Felder gehen bis zum *Himmel* und wieder zurück);
7. *Finger* (Kette über einen Finger legen und durch alle Felder auf einem Bein hüpfen);
8. *Arm* (Kette auf einen Unterarm legen und durch alle Felder auf einem Bein hüpfen);
9. *rechtes Knie* (Kette in die rechte Kniekehle legen und auf dem anderen Bein durch alle Felder hüpfen);
10. *linkes Knie* (dasselbe umgekehrt);
11. *Berlin-Stettin* (mit aufwärts gerichtetem Gesicht und mit geschlossenen Augen von Feld zu Feld gehen; die anderen Spieler rufen *Berlin*, wenn es richtig gemacht worden ist, oder *Stettin*, wenn ein Strich betreten worden ist);

23

127

Die Namen der Spiele sind so bunt und opak, eindeutig rätselhaft und rätselhaft eindeutig, wie das, worum es geht und worum es sich dreht:

Aschi-aschi, Brotmännekin, Buntes Radieschen, Dieb und Dieb, ich will dich haschen, Eins geht in die Zipfelmütze, Fischer, wie tief ist das Wasser, Gurkenzeck, Hexe geh – Hexe steh, Kellerhopse, Liebesball, Müde – matt, Puck-Puck, Ringelrangelrose, Robotter, Russisch Versteck, Saure Gurke – dreh dich um, Totenhopse, Uhrenverkauf, Vogelzeck, Wir wolln den Zaun binden, Zappelsalat…

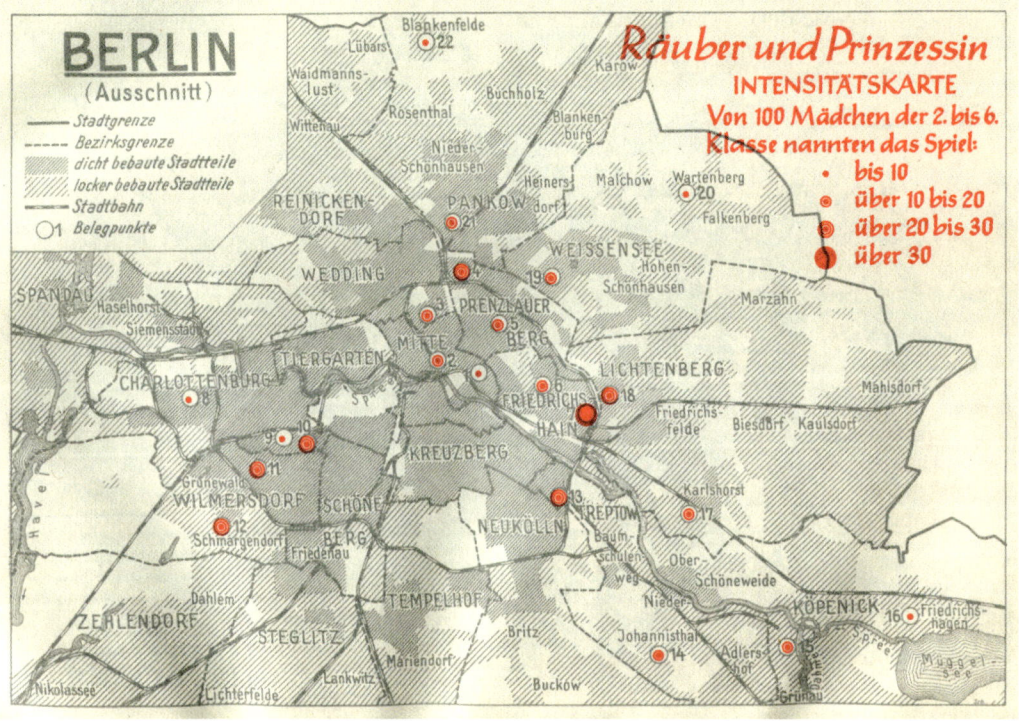

Lediglich das *Spiel mit dem Modellauto* und die *Regelfreien Bewegungsspiele* kommen ohne überlieferte Wendungen aus. Das Spielzeug, das Gerät, hat die Sprache verdrängt. Es sind genau die Spiele, die in inflationärer Form bis heute existieren: Aus dem Modellauto, das damals noch geschubst wurde, ist ein ferngesteuertes Formel-1-Rennspiel und aus den »regelfreien Bewegungsspielen« sind die Skateboarder hervorgegangen.

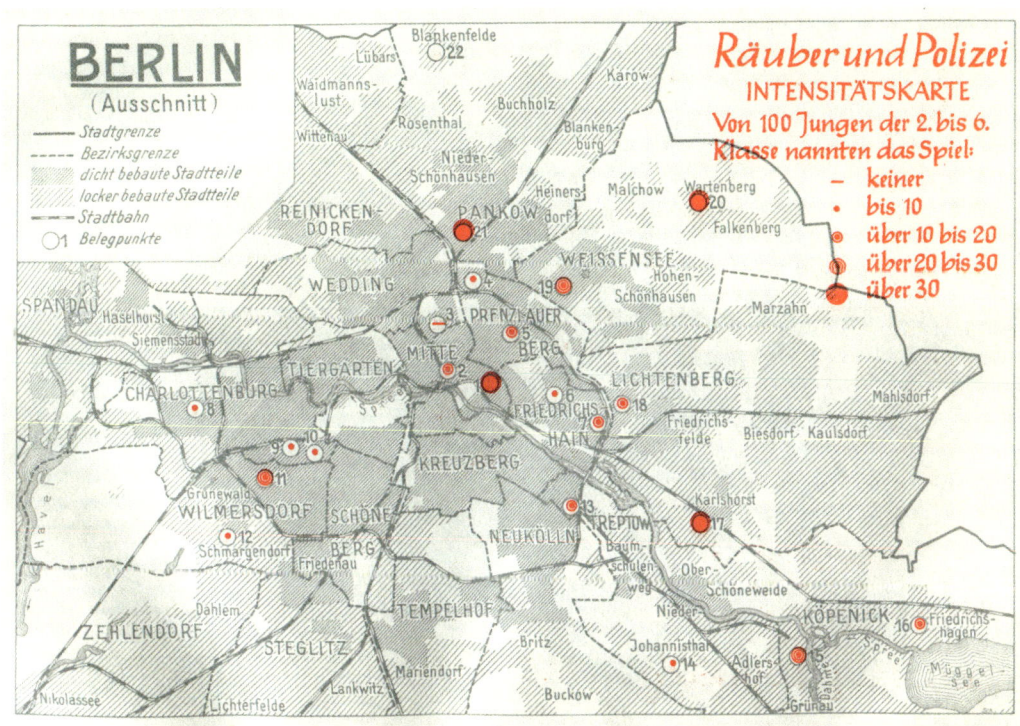

BERLIN
(Ausschnitt)

Stadtgrenze
Bezirksgrenze
dicht bebaute Stadtteile
locker bebaute Stadtteile
Stadtbahn
Belegpunkte

Räuber und Polizei
INTENSITÄTSKARTE
Von 100 Jungen der 2. bis 6.
Klasse nannten das Spiel:
− keiner
• bis 10
über 10 bis 20
über 20 bis 30
über 30

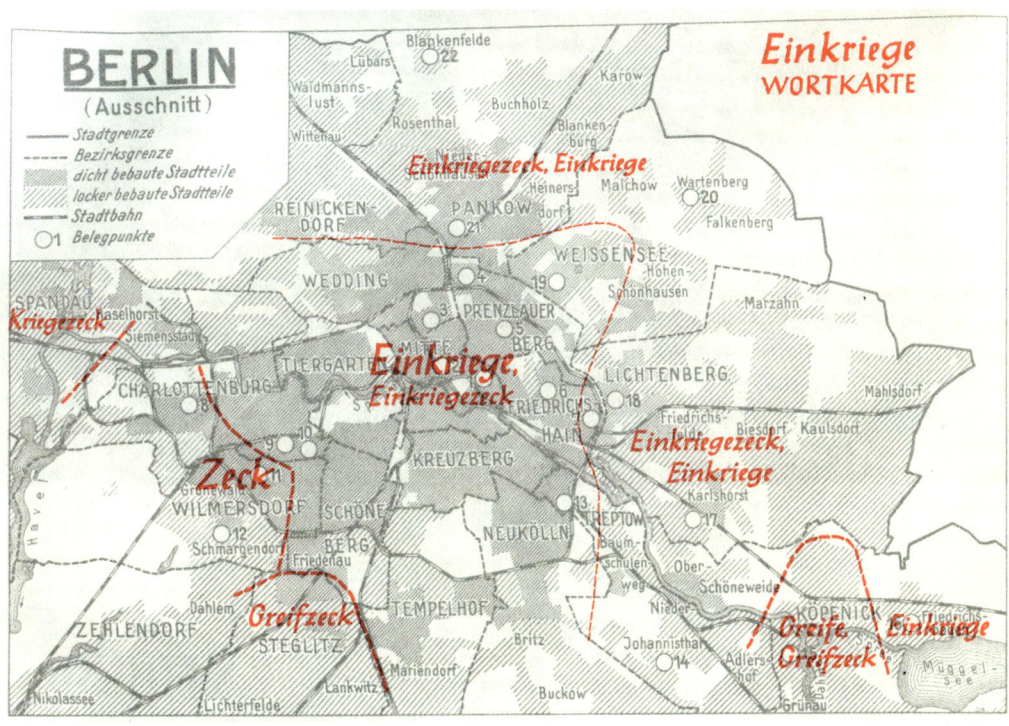

BERLIN
(Ausschnitt)

Stadtgrenze
Bezirksgrenze
dicht bebaute Stadtteile
locker bebaute Stadtteile
Stadtbahn
Belegpunkte

Einkriege
WORTKARTE

Einkriegezeck, Einkriege

Kriegezeck

Einkriege,
Einkriegezeck

Zeck

Einkriegezeck,
Einkriege

Greifzeck

Greife,
Greifzeck

Einkriege

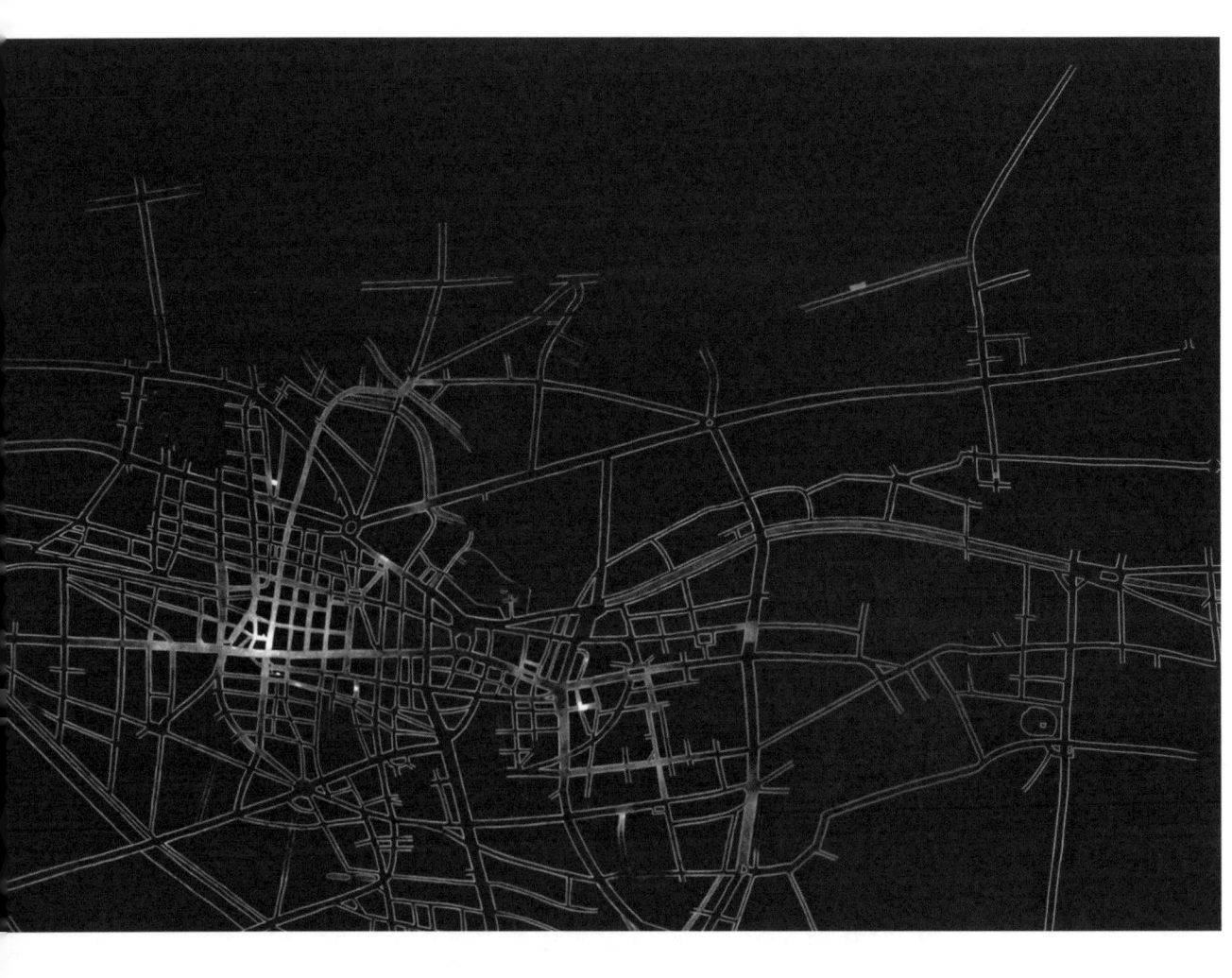

BERLIN IM RÖNTGENBILD
Die Stadtpläne von Katharina Meldner

Mit weißem Stift auf schwarzem DIN-A2-Karton hat die Berliner Künstlerin Katharina Meldner in den 80er-Jahren sowohl das ihr vertraute und geläufige als auch das ihr dunkel erinnerbare und nur sporadisch betretene und geahnte Berlin als Straßenkarten gezeichnet. 34 solcher Blätter bilden zusammen das riesige Tableau der weitläufigen Stadt, so wie es sich ihr, ohne Zuhilfenahme kartographischer Hilfsmittel, allein ihrer Erinnerung folgend, eingeprägt hat.

Auf den ersten Blick ähneln diese Blätter Phantom- oder Geheimkarten von weit verzweigten unterirdischen Anlagen, Wegen und Netzen, die mithilfe spezieller Botenstoffe zum Leuchten gebracht oder im Überflug mit speziellen Geräten erkannt wurden – ähnlich den Fotografien von Luftbildarchäologen, welche, auf freiem Feld und bei günstigem Einfallswinkel des Tageslichts, die verborgenen Umrisse gewesener Stadtanlagen, Gebäude und Straßen zu erkennen geben: »Die Nacht bringt es an den Tag«, könnte man, Adelbert von Chamisso paraphrasierend, sagen.

Ausgehend von ihrem Wohnumfeld in Charlottenburg, wo ihr jede Ecke, jeder Platz, jeder Abzweig, jede Straßenbiegung und jede Kreuzung wie ein Handlauf blind vertraut sind, hat sie nach und nach die weitere Umgebung kartographiert. Die Linien ihrer unmittelbaren Umgebung wie auch einige davon entferntere, aber durch Besuche oder Spaziergänge oder kraft älterer Erinnerungen abrufbare Straßenlandschaften sind mit starkem Strich ausgeführt. Je weiter sie und ihr Stift sich in unvertrautem Terrain bewegen, desto magerer und schütterer werden die Linien, bis sie sich schließlich in einem fast linienlosen Gespinst, im unbetretenen oder vergessenen Niemandsland verlieren.

Diese Stadtpläne sind die getreue, geometrische Projektion eines Tagtraums. In der Regel – aber genau diese Geregeltheit unterläuft der

Stift der Künstlerin – organisiert die Stadterinnerung keine Landkarten, sondern verschränkt die Kubaturen des heterogenen Raums mit konkreten, unverwechselbaren Details: mit riesigen Schriftzügen und plakativen Signalen auf Schildern, mit den wechselnden Mischungen künstlicher Beleuchtung und natürlichen Lichts, mit farbig getönten Schatten und durchscheinenden Spiegelungen, mit dem jahreszeitlichen Wechsel des Laubs, mit Regen und Schnee, mit Wolkentheater und Himmelsfarben, mit Pfützen und gleißenden Flecken, mit jäh auftauchenden Gesichtern und Blicken, mit Vogelflug und Tierstimmen, mit individuell signifikanten, *weil* intensiv ephemeren, zufälligen Ereignissen und Begegnungen, mit Schrecksekunden unverhoffter Nähe und vorüberwehenden Wortfetzen, mit Wellen von Maschinenlärm, unendlichem Verkehr und nie versiegenden Geräuschen, mit den changierenden Flächen von Grün und von Wasser.

Nichts von alledem ist auf diesen Zeichnungen zu sehen, und doch – diese Stadtplanzeichnungen folgen einer anderen Logik: Sie sind pulsierende Röntgenaufnahmen der Stadt, es sind die *in einen Stadtplan übersetzten, individualisierten Spaziergänge* durch ein Berlin, das sich tendenziell immer ein wenig entzieht und in Gegenden ausweicht (Gewässer, Waldstücke, Brachflächen), wo die Stadt ihre provisorische Dichte aufgibt, ja ihr Stadtsein vorübergehend vergisst und ihr Ausdehnungshunger zwar nicht zum Erliegen kommt, aber der Organismus zu ruhen scheint oder zuweilen einfach erschlafft. Die Intensität der so wahrgenommenen und *weiß gehöhten* Stadt erschließt uns Nervenbahnen, in denen sich der Gang eines Menschen als an- und abschwellender, mithin als *dynamischer Lauf von Linien* objektiviert.

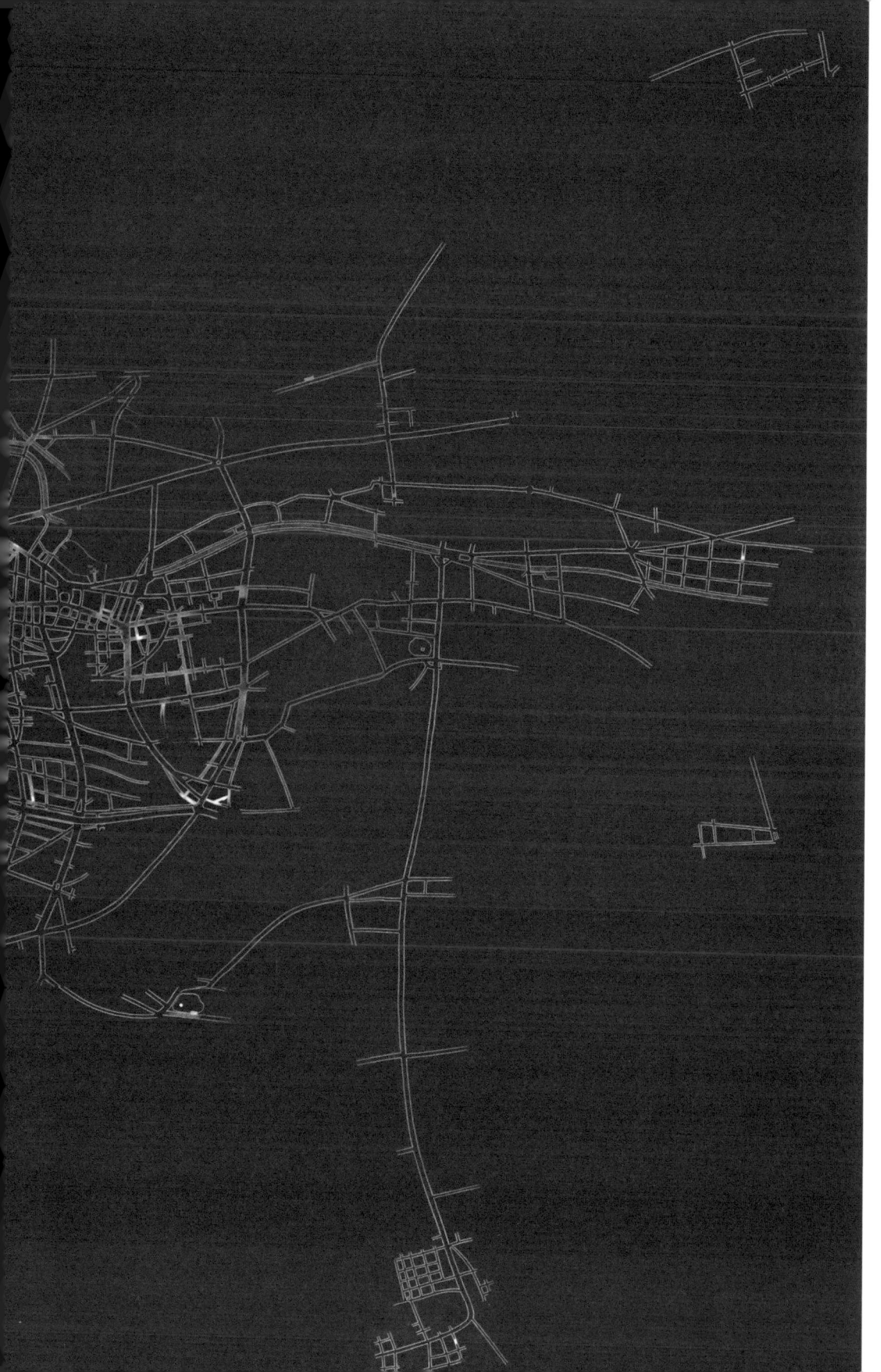

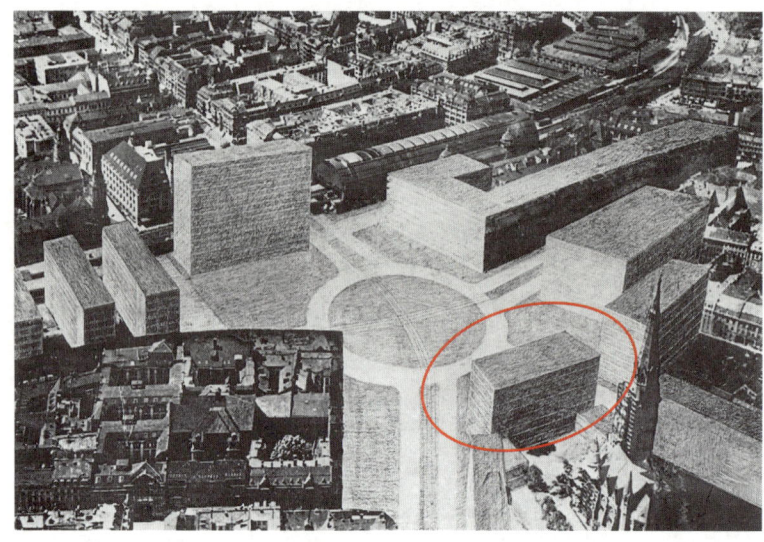

1928

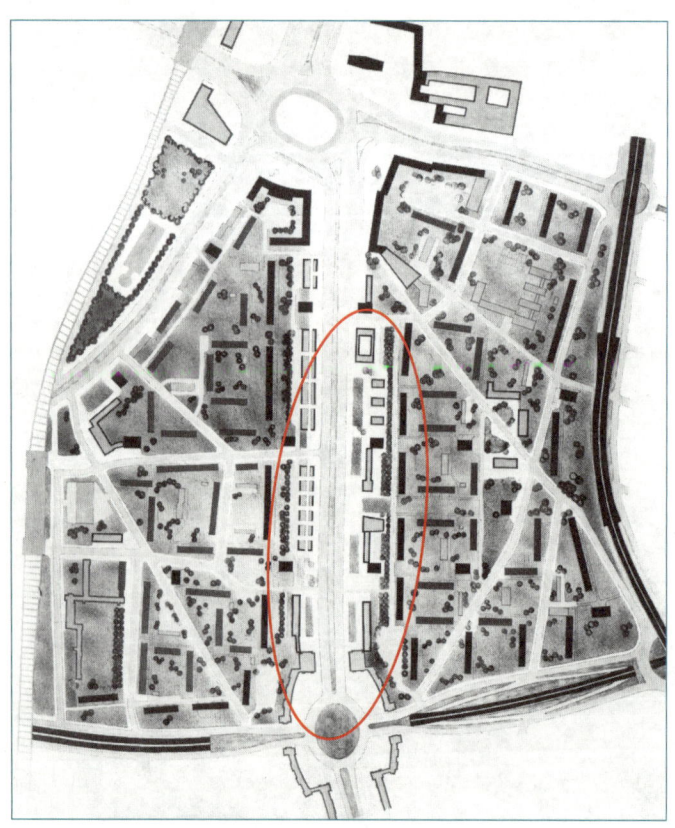

1952

IM EWIGEN PROVISORIUM –
ALEXANDERPLATZ

Der Alexanderplatz ist der Leistenbruch Berlins. Hier geht nichts mehr.
Jenseits der automobilen Annäherung – allein die hysterische Pirsch der
Parkplatzsuche, bei einer Durchschnittsgeschwindigkeit von 27 km/h
innerhalb der Stadt – kann man einigermaßen bequem mit der S-Bahn
und der Straßenbahn ankommen, doch ist es beschwerlich, ihn auf anderen Wegen zu verlassen. Die Wege nach Osten, Norden und Westen
werden von Schnellstraßen wie von einer heftigen Brandung umspült.
Bleibt der Weg nach Süden, doch gerät man dort in den Sog des Fern-
sehturms und ein seltsam parahistorisches »Alt-Berlin«. Eine echte An-
bindung an das östliche Straßenland wäre von vitaler Bedeutung für
die einzig großstädtische Anlage Berlins: die Frankfurter-, vormals
Stalin-Allee.

Bereits 1928 hatte Mies van der Rohe in einem kühnen Entwurf für den
künftigen Alexanderplatz diese Nahtstelle durch eine markante Setzung hervorgehoben. Hermann Henselmann hat Mitte der 50er-Jahre
diesen Akzent wieder aufgenommen und variiert durch ein Hochhaus,
das einen ersten Brückenpfeiler zu den beiden Eingangstürmen des
Strausberger Platzes gebildet hätte. Da dies nicht geschehen ist, bleiben
bis heute die vielleicht zwei eindrucksvollsten Zweckbauten der Nach-
kriegszeit im Osten unverbunden mit dem Rest: das Haus des Lehrers
und die Kongresshalle (beide Henselmann). Zu vieles verharrt in Berlin
»im ewigen Provisorium« (Rudolf Borchardt, 1927). Der weitreichende
Vorschlag einer radikalen, verdichtenden Erweiterung des Alexander-
platzes durch einen dicht gestaffelten Halbkreis von Wolkenkratzern
kommt von Kollhoff / Timmermann (aus dem Jahr 1992). Damit könnte
sowohl der Alexanderplatz als auch die mittlerweile abgehängte Frankfurter Allee eine enorme Verdichtung erfahren und zu einem neuen
Zentrum im polyzentrischen Berlin werden.

EIN NEUER STANDORT FÜR TATLINS TURM

Der Ausdehnungshunger Berlins hat den Stadtkörper bis zum Jahr 1933 um das 1200-Fache seiner mittelalterlichen Gestalt aufgebläht; was in jenem heterogenen »wurzellosen« Groß-Berlin aufgegangen ist wie ein Hefeteig, sollte nach dem kalten Staatsstreich der Nazis noch einmal eine hektische Steigerung erfahren: die Planung einer zentralen Nord-Süd-Achse und der damit verbundene Ausbau des Flugfeldes Tempelhof zum »Weltflughafen«. Speer überformte die früheren Planungen Martin Mächlers zur »Weltstadt« Berlin in grotesker Weise.

1935 von Ernst Sagebiel (1855–1945), dem Büroleiter Mendelsohns, geplant und 1938 eröffnet, ist der Flughafen Tempelhof das größte Monumentalgebäude der Stadt. Zu der weniger bekannten Vorgeschichte* gehört – 1910 – der Verkauf des *westlichen* Tempelhofer Feldes – seit dem 18. Jahrhundert ein riesiger Paradegelände- und Truppenübungsplatz – zu extrem überhöhten Preisen, was die Investoren zu einer hybriden, überdichten Bebauung veranlasste, die durch den Ausbruch des Ersten Weltkriegs gestoppt wurde. Der schon vor 1914 sich anbahnende Widerstand gegen die Architektur und die Stadtplanung des »steinernen Berlin« führte nach dem Krieg zu einer der gelungensten Gartenstädte Berlins: Neu-Tempelhof.

Das *östliche* Tempelhofer Feld sollte nach 1918, wäre es nach den Wünschen des Ansiedlungsvereins Groß-Berlin gegangen, zu einem großen, öffentlichen Vergnügungsareal umgewidmet werden, vergleichbar der Münchner Theresienwiese oder dem New Yorker Coney Island. Die veränderten Verkehrsverhältnisse führten Mitte der 20er-Jahre dazu,

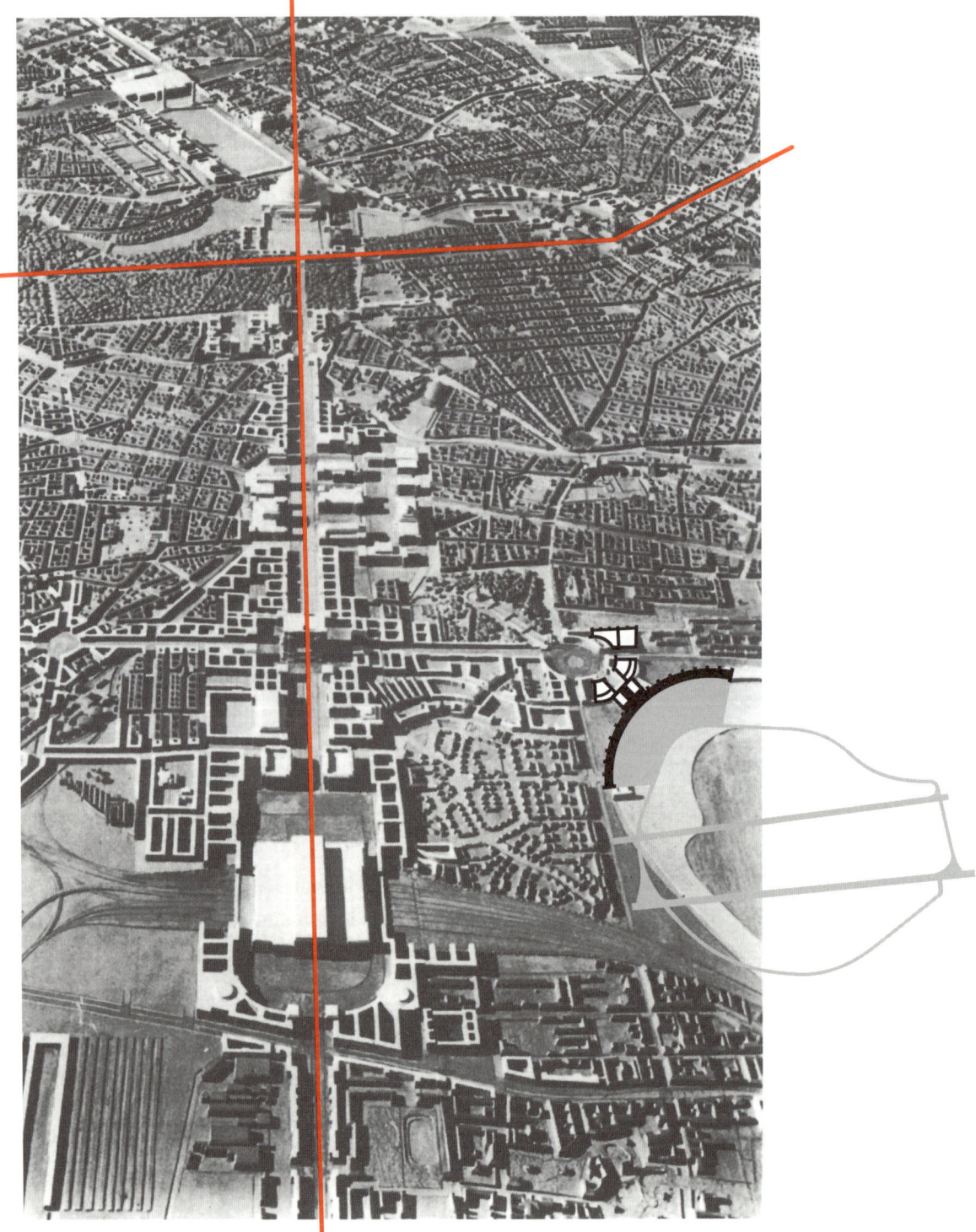

für das relativ abgelegene Flugfeld Johannisthal einen Ersatz zu suchen, der dann mit dem militärisch verwaisten Tempelhofer Feld auch gefunden wurde.

Neben dem Mendelsohn-Schüler Kosina waren die Architekten Paul und Klaus Engler für die Errichtung des damals wohl modernsten Flughafengebäudes (1930) verantwortlich.

Gewiss nicht zufällig fand die erste Massenkundgebung des NS-Regimes am 1. Mai 1933 unter Beteiligung des ADGB und gegen den Widerstand der Kommunisten auf dem Gelände des Flugfeldes statt. Der untergegangene Parade- und Aufmarschplatz trat für einen signifikanten Tag aus den Kulissen des neuen Flughafens wieder hervor. Massenhaft bejubelter Oktroy.

Der neue Entwurf ging von einem 30-Fachen des damals aktuellen Bedarfs aus – eine Steigerung, welche bereits Ende der 20er-Jahre prognostiziert worden war – und hatte einen monumentalen Baukörper und eine erhebliche Ausdehnung des Flugfeldes (von 1,5 auf 4 qkm) zur Folge.

Sagebiels riesige Gebäudespange, der »Kleiderbügel«, sollte aus der südöstlichen Flanke der Stadt zur projektierten, den Stadtraum sprengenden Nord-Süd-Achse »Germanias« vorstoßen.

Die monumentale Leere und stadträumliche Überforderung und Überformung treten jetzt, wo der Flugbetrieb verstummt ist, schlagartig zutage. Und noch ehe die Nachbeben langsam ausklingen und allmählich verstummen – es sind ja Zeitwellen aus dem NS, die sich in diesem Raum konzentrisch ausbreiten –, wird nach einer *anderen Nutzung* gesucht, als könne ein derart lädiertes Monstrum (und eine monströse Läsion) durch Verabreichung provisorischer Konzepte rasch genesen.

Vielleicht ruft man sich einmal die Gestalt des Flugfeldes ins Gedächtnis zurück, ehe es Mitte der 30er-Jahre ausgedehnt wurde? Vielleicht denkt man darüber nach, wie sich die jetzt weit auseinander liegenden, unverbundenen Stadtteile (Neukölln im Nordosten, Tempelhof im

Westen und Süden) wieder miteinander verknüpfen ließen? Vielleicht könnte man Sagebiels Spange durch eine kluge Strategie – stadträumliche Mischnutzung, durchsetzt von dem allenthalben brachliegenden »sanitären Grün« (Martin Wagner) – entdämonisieren? Vielleicht hätte man hier ein exemplarisches, erfahrungsoffenes Areal, das einer lebendigen Verdichtung den Weg bereiten könnte? Vielleicht könnte die westliche Gartenstadt über den riesigen Wall der Sagebiel-Bauten springen und weiter östlich in verjüngter Form sich fortsetzen?

Wie ein riesiges, von unsichtbarer Hand geschwungenes Lasso umlagern die Bahnen und Wege das Flugfeld. Die weite, verwaiste Fläche scheint von dem riesigen Gebäudekomplex in der Ferne umklammert zu werden. Die vielen Menschen, die sich darauf bewegen – kaum einer steht still und verweilt – als gälte es, alle nur erdenklichen neueren anthropologischen Fortbewegungsformen zu erproben (Skaten, Drachensteigen, Radfahren, Rollschuhfahren, Surfen auf der einen und ein überdimensionaler Schrebergarten auf der anderen Seite) mit dem spielerischen Ziel, sich dieses Areal irgendwie anzueignen und das befremdliche Gefühl abzustreifen, dass es ein Riesenspielzeug sei.

Kein Automobil weit und breit – Sagebiel hatte das weit geschwungene Dach für eine 65.000 Besucher fassende Tribüne für Autorennen und Flugschauen auf dem Aerodrom konzipiert. Noch gehört dieser hypnotisierte Raum den somnambulen Spaziergängern. Wir bewegen uns auf dieser ringsum schattenlosen Fläche wie auf einer Bühne. Ein Areal ohne Schatten aber, wenn es nicht sportlich oder militärisch genutzt wird, hat die Anmutung eines stehenden Gewässers. Solange man sich über diese simulierte Wasseroberfläche bewegt, drängt sich die merkwürdige Erfahrung auf, in der eigenen Stadt ein fremdes Terrain zu betreten, in einen anderen Aggregatzustand einzutauchen.

Vielleicht ist das Zeitmaß der Gewöhnung an diesen riesenhaften, fremden städtischen Binnenraum die unzeitgemäße Verweildauer, die verstreichen muss, bis die ersten sichtbaren Trampelpfade das vormals
technisch markierte Feld durchkreuzen?

Berlin hat in aller Regel seine eigene Substanz rasch abgerissen und verschüttet, ehe sie historisch sedieren konnte, um sich immer von Neuem vehement auszudehnen und größer zu machen – und immer um den Preis der Dichte. Auf dem Tempelhofer Flugplatz könnte dieser schon habituelle oder traditionelle Traditionsbruch vermieden werden.

Um die schiere Ausgedehntheit des jetzt brachliegenden Feldes und die martialische Umklammerung des Stadtraums durch die Gebäudespange aufzulockern, ließe sich ein Gegen-Monument denken, das diesen lädierten und zerrissenen Stadt-Raum verdichtet, ohne ihn zu überformen.

Der Tatlin-Turm von 1920, eine nie realisierte architektonische Utopie, welche die ihr nachfolgenden stalinistischen Trutzbauten mühelos überstanden und hinter sich gelassen hat, könnte dem Vakuum des Areals den Horror austreiben. Tatlins Entwurf symbolisiert eine Geste triumphaler und bedenkenswerter Vergeblichkeit; die Schrägstellung und die spiralig sich verjüngende Durchsichtigkeit würden die bodenschwere Bürokratie-Spange im wörtlichen Sinn »erleichtern« und brechen und als eine himmelwärts strebende Verdichtung auf den gesamten Komplex ausstrahlen. Der luftige 400 m hohe Turmbau würde auf dem Flugfeld eine sehr kleine Fläche einnehmen; zudem könnte dieses Astrolabium mit seinen vier kalendarischen Raumkörpern im Innern (Würfel, Pyramide, Kugel, Zylinder) als ein neues Wahrzeichen der Stadt fungieren. In direkter Verlängerung zur Friedrichstraße gesetzt, würde dieser Turm einen dreidimensionalen typographischen End- und Gipfelpunkt der historischen Berlinerweiterung darstellen und zu dem älteren Funk- und Fernsehturm in ein spannungsreiches »Dreiecksverhältnis« treten. Der Turm würde auf unübersehbare Weise die wirkliche Qualität Berlins hervorheben: eine polyzentrische Stadt zu sein. Was als mittelalterliche Doppelstadt begann und vor hundert Jahren in ein heterogenes Groß-Berlin mündete, was schließlich durch die NS-Herrschaft entstellt und im Krieg zerstört wurde, entfaltete seit den 50er-Jahren ganz eigene Zonen und Orte urbaner Verdichtung. Jeder Schritt in ein zentriertes Berlin wäre illusorisch und verderblich –

es gilt vielmehr die Vielfalt der unterschiedlichen Zentren zu stärken. Der Tatlin-Turm wäre geeignet, diese Tendenz sichtbar zu markieren und zu befördern.

Und schließlich wäre dieser Turm wie kein anderer geeignet, den an diesem und vielen anderen Orten manifest gewordenen Ausdehnungshunger durch seine grundsätzlich unvollendete und unvollendbare Gestalt spielerisch auszuhebeln und zu übergipfeln.

Der Blick auf die Stadt von seinen höheren Etagen ließe endlich auch den »leeren Löwenkäfig« des Urstromtals und die darin liegende vielgestaltige Stadtlandschaft mit ihren Flüssen und Gewässern hervortreten.

In einer Stadt, die sich immer mehr wie ein ungeplantes, führungs- und konzeptloses Architekturmuseum aufführt, wäre der Tatlin-Turm eine ironische, eine erhabene und erhebende Pointe.

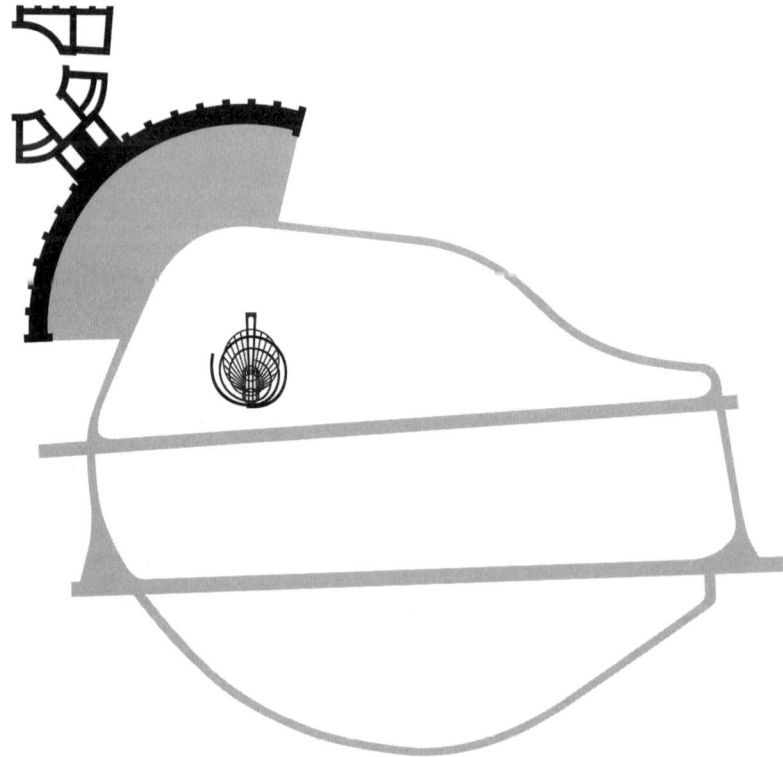

Funkturm – 1
Fernsehturm – 2
Tatlin-Turm – 3

»... DURCH DIE GANZE LANGE STADT NACH STRALOW«

Karl Marx, 1837

Mit dem Bus 104 vom Brixplatz (Charlottenburg-Westend) nach Stralau (Friedrichshain)

Tief blickt man vom Oberdeck des Busses hinunter auf den entengrützengrünen Weiher des Brixplatzes, auf Kiefern und Buchen zwischen gewundenen Wegen: märkische Landschaft en miniature von Erwin Barth aus den 20er-Jahren, angelegt im eiszeitlichen Soll zwischen den großen Mietshäusern an der Reichsstraße. Der Bus 104 Brixplatz – Tunnelstraße (Stralau) fährt hinauf zum Steubenplatz, dem Plateau des Spandauer Bergs. Die Route quert das bronzene Reiterstandbild *Der Sieger* (von 1905); wie schwebend ist der Jüngling auf die Mittelpromenade der Preußenallee ausgerichtet. Am Ende der breiten Doppelallee steht, auf einem sehr hohen Sockel in gelassener Spannung, die perfekt modellierte, überlebensgroße Bronze *Der Läufer* (von 1908), der auf die zahlreichen Sportstätten rund um das Eichkamp weist. Am Ende der Reichsstraße oder – nach der immer verqueren Berliner Zählung – an ihrem Anfang, dort, wo Waldemar Titzenthaler 1907 den nackten Platz, die damalige Endstation der U-Bahn und das Schild »Baustellen – verkäuflich« fotografiert hat, heißt es den unförmigen Theodor-Heuss-Platz umrunden. Mendelsohns nüchterner Zweckbau auf der Südseite versucht der ausufernden Verkehrsinsel eine Fasson zu geben. Dahinter verstecken sich das lange Areal des *International Club* und die heute noch gut erhaltene Anlage des *Karolingerplatzes* von Erwin Barth. Die Masurenallee hinab, an den kantigen Steinfassaden der Messehallen rechter Hand vorbei, überragt vom Funkturm, vorbei, linker Hand, am ungefügen Giraffenbau des *Fernsehzentrums* und dem vibrierend leuchtenden *Haus des Rundfunks* von Poelzig. Am Ende der kurzen Allee bläht sich der »schlaffe Zeppelin«, das *International Con-*

gress Centrum (ICC), das der Fußgänger in der Regel nur durch eine deprimierende, neonkalte Unterführung erreichen kann. Die große, als »Kunst am Bau« geförderte Eisenskulptur, *Alexander vor Ekbatana* (von Ipoustéguy), vor dem nördlichen Eingang wurde 2005 demontiert; sie verrostet und verstaubt in einem Lager der Messehallen. Gleich hinter dem ICC taucht, monumental beschwingt, eine gigantische gelbe Luftschlange auf, eine Röhrenskulptur von Ursula Sax, weitaus luftiger und

bewegter als die einst stadtraumfüllenden Wulstkörper von Matschinsky-Denninghoff (Thomas Kapielski hat ihnen ein bleibendes Denkmal gesetzt), während die schnittige, olivgrün gelackte Bronzeskulptur von zwei Motorradrennfahrern (von 1938) auf der Verkehrsinsel zwischen Messedamm und Halenseestraße reflexartig an Wochenschaubilder von »Kradfahrern« der Wehrmacht denken lässt. Auf der gegenüberliegenden Seite dieses weiten Tals, jenseits der Stadtautobahn und der Gleise, in der Nähe des S-Bahnhofs Westkreuz, »lockt« mit roter Neonschrift der *Artemis FKK Saunaclub*. Die Namensgebung dieses Stundenhotels verwundert, schließlich wurden die Sterblichen (Männer) von der Unsterblichen (Jägerin und jungfräulichen Beschützerin der Mütter

und Kinder) hart bestraft, wenn sie sich ihr nähern wollten. Verborgen zwischen den Gleistrassen liegt dort drüben, eingebettet zwischen Bornstedter Straße und dem Drehkreuz der S-Bahn, der Friedhof Grunewald, eine mit reich geschmückten Gräbern versehene Ruhestätte. Am gegenüberliegenden Hang, vorbei an der schrägen Nudistenwiese des Halensees, mündet der Bus in den *Rathenauplatz* ein. Hier, zwischen dem Ha-

lensee und diesem Platz, hatte sich einmal der *Lunapark* ausgedehnt, ein Sammelsurium phantastischer Jahrmarktsarchitektur; den Nazis zufolge »der Schandfleck des Westens«. 1935 wurde er dem Erdboden gleichgemacht, eine Vorkriegszerstörung. Eine weitere Überformung des Geländes ereignete sich Ende der 50er, als das Bett der Ringbahn um die Westberliner Stadtautobahn erweitert wurde. Es fällt heute schwer, sich die schiere Existenz dieses Vergnügungsparks vorzustellen. Wie viele andere Orte der Stadt ist er restlos aus der Landschaft entfernt und aus dem Gedächtnis der Stadt getilgt. In dem Berlin-Thriller *The Quiller Memorandum* von 1962 (dessen deutsche Fassung *Gefahr aus dem Dunkel* aus den altjungen Nazis kurzerhand Kommunisten machte) wird die damals neue Stadtautobahn Schauplatz einer verwirrenden Verfolgungsjagd, wie sie deutsche Regisseure damals nicht hätten inszenieren können. Seit 1987 steht auf dem Rathenauplatz die leicht kubistisch anmutende Skulptur *Beton Cadillac* von Wolf Vostell. Ihren besonderen und beabsichtigten *drive* gewinnt diese Plastik durch die permanente Nähe des sie umrundenden Verkehrs: Einen »Tanz um das goldene Kalb« hat der Künstler sein Objekt genannt. Es war sein Gruß an die Automobilisten (15 Jahre nach dem autofreien Sonntag von 1973). Ein lokaler Bezug ist zu dem 1922 von deutschen Freikorpsleuten ermordeten Walther Rathenau – »der große Nubier« (Borchardt) – durch den wenige Hundert Meter entfernten Ort des Attentats zumindest angedeutet. Ein Stein in der Koenigsallee des Grunewalds erinnert an die Mordtat. Die s-Bahn- und Fernbahntrasse schießen unter der Halenseebrücke hindurch und ab hier verläuft die Busroute innerhalb und gewissermaßen in Tuchfühlung mit dem s-Bahn-Ring. Weit im Südosten ragen die Schornsteine des Kraftwerks Wilmersdorf in den Himmel. Auf der Westfälischen Straße perforieren die neuen Fahrradspuren den Asphalt wie ein Reißverschluss; beim Überqueren der Johann-Georg-Straße erhascht man von ferne für einen winzigen Augenblick deren Zusammenstoß mit dem Kurfürstendamm und dort existiert tatsächlich der äußerlich unscheinbare *Agathe-Lasch-Platz*. Er ist dem Andenken der Berliner Jüdin gewidmet, die 1928 eine kluge und materialreiche Monographie über den Berliner Stadtdialekt, *Berlinisch – Eine berlinische Sprachgeschichte*, veröffentlicht hat. Als der promovierten Germanistin in Deutschland vor dem Ersten Weltkrieg eine Lehrstelle verweigert wurde, ging sie nach Bryn Mawr (Pennsylvania), schrieb dort ein Standardwerk, die *Mittelniederdeutsche Grammatik*, und schloss die Forschungen über den Berliner Stadtdialekt ab. Aus Verbundenheit zu Deutschland kehrte sie während des Krieges 1917 zurück. *Ich wollte an dieser Geschichte eines Stadtdialekts die verschiedenen Ringe zeigen, in denen sich dieser aufbaut, zeigen, daß eine schematische Aufzählung der Lautformen, des Wortschatzes, die von einem solchen Einwirken äußerer Erlebnisse auf die Sprachentwicklung nichts weiß, eine glatte ungestörte Reihe von Anfang bis in die Gegenwart voraussetzt, den gesamten Wortschatz als autochthon oder, im Kolonialland, kritiklos als aus der Siedlungszeit stammend annimmt, bestenfalls nur Vorarbeit, Materialsammlung für eine örtliche Sprachgeschichte, sein kann. Man wende nicht ein, daß eine Sprachgeschichte für Berlin leichter möglich sei als für eine andere Stadt. Soweit ich die Sprachgeschichte anderer Städte übersehe, wird gerade das Gegenteil der Fall sein, in Städten ohne den Bruch, wie Berlin ihn aufweist, oder mit reicherer mittelalterlicher Überlieferung und Geschichte*, schreibt sie im Vorwort. Ein überaus materialreiches Kapitel behandelt die Besonderheiten des Berliner Wortschatzes, es ist eine Fundgrube ohnegleichen. Man erfährt, jenseits der heute handelsüblichen etymologischen Witzeleien, weitverzweigte Wortge-

schichten, wie sie nur hier, in diesem großen Durchgangsgebiet, sich haben ausbilden können. Wie eine riesige Reuse hat der Stadtdialekt das Schwemmgut aus fremden Sprachen aufbewahrt und sich anverwandelt (Pete – Leihhaus aus *mons pietatis*; knallbise – unfein, aus hebr. *bizjâ*, verächtlicher Mensch; duse für sachte – aus frz. *douce*; Besinge – Beeren, aus niederl. *bes, besje*; Pachulke, ein Bursche, ein ungeschlachter Mensch – aus wendisch *bachołk*; pietschen für trinken – aus poln. *pić*, usw.). 1923 erhielt sie als erste Frau einen Lehrstuhl für Germanistik in Hamburg. Mit den Nazis kam das Berufs- und Forschungsverbot. 1942 wurde sie nach Riga deportiert und ermordet. Der auftrumpfende, aluminiumverkleidete Turm der *Bundesversicherungsanstalt für Angestellte*, am ansteigenden Hohenzollerndamm, schiebt sich ins Bild, ehe der *Fehrbelliner Platz* selbst vorrückt und mit seiner störrischen Hufeisenform das Bild bestimmt. Im Italien der 30er-Jahre wäre dieser Entwurf über die erste Wettbewerbsrunde nicht hinausgekommen, dennoch ist die Platzlösung insgesamt beeindruckend. In einem der hartleibigen Verwaltungsbauten lagern Schätze des Bundesfilmarchivs. Die Flure sind mit Marmorplatten ausgelegt, die ein unangenehm halliges Geräusch der dort Verkehrenden nach sich ziehen. Allenfalls kurios ist der gedrungene,

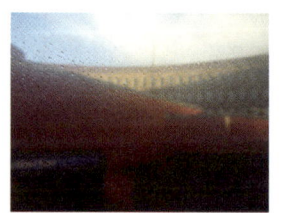

organoide, mit knallroten Mosaiken verkleidete *U-Bahnhof-Korpus* auf der Mitte des Platzes. Bauten wie der knallrote U-Bahnhof bestätigen die wenig bekannte, aber überzeugende These des Hamburger Künstlers Schuldt, dass eine bestimmte Architektur der 70er-Jahre dem Design von Radioapparaten nachgebildet worden ist. Weiter hat sich wohl kaum ein Entwurf vom Geist Grenanders entfernt. Parallel zur Berliner Straße rechter Hand grüßen der ruhige Siedlungszug der *Wilhelmsaue* und, immer wieder zwischen den Querstraßen des Bayerischen Viertels hervorlugend, der lang gestreckte Volkspark Wilmersdorf. Wie eine

träge grüne Riesenschlange gleitet der Park die Eiszeitrinne entlang, dessen Ende, unweit des *Schöneberger Rathauses*, wieder vom Bus gesäumt wird. Auf dem Marktplatz davor Flohmarkt. Die Beerdigungsfeier für Willy Brandt in lebhafter Erinnerung. In diesem Riesenbau steht einer der letzten funktionierenden Paternoster, eine angenehme Form, den Boden unter den Füßen zu verlieren. Selbst wenn man in diesem Kasten über das oberste oder unterste Geschoss hinausfährt, heißt es nur freundlich: »Weiterfahrt ungefährlich!« Ein Gefährt wie dieses gibt eine leise Vorahnung auf die allerschönste Form der Luftwanderung: die Ballonfahrt. Man springt auf, ein bisschen wie früher beim offenen Doppeldecker, schwebt in die Höhe oder die Tiefe, allein oder in flüchtig zufälliger Begleitung, und wird belohnt mit einer Levitation, die in einem geschlossenen Gehäuse in dieser Leichtigkeit sonst nicht zu bekommen ist. Die DIN-Norm hat dem Paternoster den Garaus gemacht. Wie ein Schiffsbug zerteilt der massige dreieckige Bau der *Senatsverwaltung für Wirtschaft* die Martin-Luther- und die Dominicusstraße. Die grüne Schrift des *Odeon* springt an der Einfahrt in die Hauptstraße hervor. Dem Kino zuliebe hält der Bus hier. Filmtitel in roten Buchstaben auf einer Neontafel, ein wunderbar normales Kino für nichtsynchroni-

sierte Filme. An einer leichten Ausbuchtung im weiteren Verlauf der Hauptstraße, fast vis-à-vis der Akazienstraße, vor einer ins Straßenland hineinreichenden Nase des erweiterten Gehwegs, sagt die Stimme der Ansagerin *Kaiser-Wilhelm-Platz*. Es ist der kümmerliche Rest eines durch die Kriegszerstörung verschwundenen lang gestreckten Dreiecks. Zurückhaltend, wie ein behörd-

liches Hinweisschild nur sein kann, steht dort eine Tafel mit gelber
Schrift auf dunklem Grund: »Orte des Schreckens, die wir niemals vergessen dürfen«. Dieses Schild (dasselbe? das gleiche?) stand jahrelang
an der südlichen Seite des Wittenbergplatzes, unverständlicherweise
mit der Rückseite zum Verkehrsfluss. Das *Xenon Kino* duckt sich fast
weg, so rasch nimmt der Bus die ansteigende Kolonnenstraße hinauf.
Für einen Augenblick wieder hoch oben im Loft des *Merve Verlags* in
der Crellestraße, bei Peter Gente und Heidi Paris, long ago. Ein weites
Schienengelände öffnet sich nach Süden und Norden unter der *Julius-*
Leber-Brücke: im Norden die Anmutung einer Skyline: Potsdamer Platz.
Die Front der Vorbauten des *Flughafens Tempelhof* am Ende der Du-
denstraße baut sich langsam auf. Der monströse »Belastungskörper«
(oder auch: »Groß-« oder »Schwerbelastungskörper«) aus der Anfangs-
phase der Speer'schen Planungen für »Germania« gleitet vorüber. Es
gibt keinen rein technischen Terminus, der knapper und anschaulicher
nicht nur die Architektur, sondern auch das Lastende und Belastende
der NS-Herrschaft und des Staatskörpers in einer Metapher zusammen-
fassen würde. (Auf bizarre Weise erinnert dieses Riesenspielzeug an
das einzige Überbleibsel eines 1838 in Potsdam getöteten Elefanten. Das

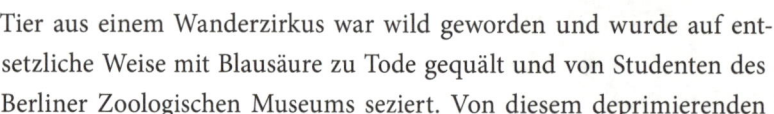

Tier aus einem Wanderzirkus war wild geworden und wurde auf ent-
setzliche Weise mit Blausäure zu Tode gequält und von Studenten des
Berliner Zoologischen Museums seziert. Von diesem deprimierenden

Spektakel um das große Tier ist außer einer Reihe von anatomischen Skizzen nur ein Huf erhalten geblieben. Er ähnelt in der Form sehr stark dem Belastungskörper.) An der nach Nordosten abzweigenden Methfesselstraße grüßt das elegante gläserne Halbrund der städtischen Friedrich-von-Raumer-Bibliothek, welche Bruno Taut in sein Eckhaus integriert hat. Der *Tempelhofer Berg* ist erreicht. Nach Süden hin er streckt sich das erste große, moderne Siedlungsareal des westlichen Tempelhofer Feldes, das 1909 in Angriff genommen wurde. Das heran- rückende dynamisch gezackte *Denkmal der Luftbrücke* ist mittlerweile nur noch im Winter und Frühjahr sichtbar – zu groß und zu nah sind die umstehenden Bäume auf dem Platz, der allenfalls mit niedrigem Gehölz hätte bepflanzt werden sollen. Die riesigen Kuben des (nicht zu Ende gebauten) Flughafens werden passiert. Die in die Hauswand ein- gelassene Steinplastik eines Reichsadlers sieht aus, als hätte das Tier Hosen aus Federkleid an; offenbar siegte hier der Gestaltungswille über die Vogelkunde. Wie Besenstiele stehen die ruppig-schlanken Pappeln vor der Front des trutzigen *Sagebiel-Baus*. Das Feld selbst ist mittlerwei- le eine riesige Projektionsfläche der unterschiedlichsten Nutzungswün- sche und Begehrlichkeiten. Es scheint sich hier – als gäbe es so etwas

wie ein städtisches Unbewusstes – die vor gut hundert Jahren entfachte Auseinander- setzung um die künftige Nutzung zu wie- derholen. Als habe die Nachbarschaft der Luftfahrt sie infiziert, stehen die beiden weißen Türme der Şehitlik-Moschee wie zwei Marschflugkörper am Eingang zum muslimischen Friedhof. Vis-à-vis streckt sich die grüne Zunge des riesigen Neuköll-

ner *Volksparks Hasenheide* ins Bild. Abwärts geht die Fahrt ins Zentrum von Neukölln, die Straßen werden enger und belebter. Wie so häufig scheint der Bus immer wieder abzubiegen, tatsächlich aber ist die Route danach ausgerichtet, eine einigermaßen erreichbare und konstante Entfernung zur Ringbahn zu halten. Mit anachronistischer Hartnäckigkeit behauptet sich das Geschäft *Briefmarke* im Neuköllner Straßenbild. »Das iss die Weserstraße«, ist eine junge Frau zu hören, »iss

jetzt total angesagt, sagen sie.« In ihrem Tonfall klingt noch ein leichter Zweifel mit. Ein Blick nach links und nach rechts kann in der etwas müde wirkenden Straße nichts »Angesagtes« entdecken. Doch wer kein *midnight-rambler* ist, dem bleiben viele Dinge in dieser Stadt ohne Polizeistunde verschlossen. Der *Wildenbruchplatz* wird angesteuert. Beim Stichwort »Neukölln« sagt ein Freund am Telefon, ihm sei kürzlich ein metrisch verunglücktes, schlechtes, aber nicht uninteressantes Gedicht in die Hände gefallen; es stammt von dem heute nicht mehr sehr bekannten Hans Otto Werda, doch sei es allein wegen des verblüffenden Wortes »Lebensmittelpolonäsen« zitierwürdig: *Neukölln 1917. // Hier führt die Kinderhorde auf dem Pflaster / lärmend Beweis, wie gerne man sich paart, / aus den Destillen rechts nach schlechtem Knaster, – / und Leichenwagen in geduldiger Fahrt // stuckern symbolbeputzt, je nach den Spesen / zu Grabe arm und reich, gesund und siech / vorbei an Lebensmittelpolonäsen, / in denen es von Butter schwatzt und Krieg. // Hier ist kein Trost, hier kann sich nichts entkernen, / hier wählt man Zubeil, schimpft auf Staat und Geld / so dumm und dürr, wie längs den Mietskasernen / der tote Sand, das Tempelhoferfeld.* [Fritz Zubeil (1848–1926) war ein linker, die

Kriegskredite ablehnender SPD-Politiker, der 1917 die USPD mitbegründete.] Erneut abbiegen, in die *Elsenstraße* – und das Allianzgebäude, die sogenannten »Treptowers« (ein Wort, wie nur eine närrische Kalauersucht es hervorbringen kann), tauchen wie aus dem Nichts auf. Doch unmittelbar präsent ist das scharfkantige Tortenstück des *ParkCenter*, schon der bloße Anblick lässt einen, wie das Wort, erschaucrn: Wic mögen die Räume an der Spitze beschaffen sein? Alles Besenkammern? Man hat auch ein wenig Angst, dieser Kulissenbau könnte beim nächsten Sturm einfach umkippen. Vorbei an den zwillingshaft anmutenden, von riesigen Platanen – »Plantanen«, sagt der Berliner Taxifahrer bis heute nartnäckig – gesäumten Alleen: *Am Treptower Park* und der *Puschkinallee*. Treptow, mit seinem sowjetischen Ehrenmal und dem Park, dessen Name heute selbst Rundfunksprecher nicht mehr mit dem

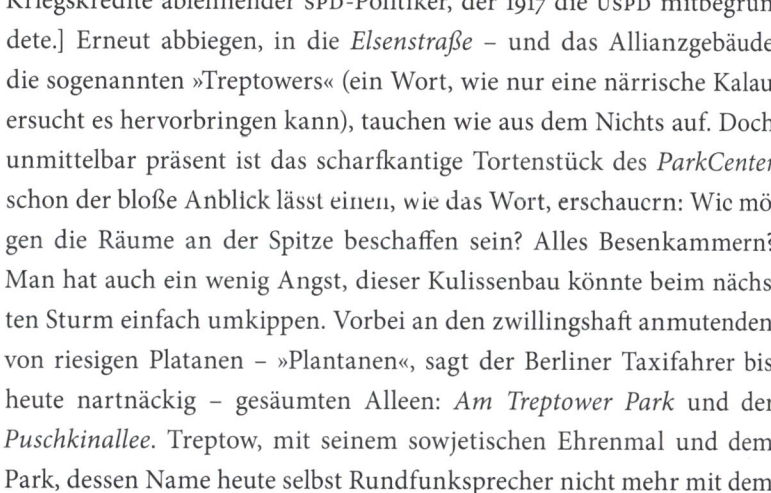

Dehnungs-e sprechen – so wie, unsäglicherweise, aus Mecklenburg ein Mac*** werden konnte. Die *Archenhold-Sternwarte* ist hier ganz in der Nähe. Kaum hatte man sie betreten, fühlte man sich wie im Schulunterricht. Erinnerungen an langweilige Nach-

mittage in Ostberlin während der langen Jahre der »Tagesreisen« aus Westberlin in den Ostteil und in die DDR. Kaum erreicht man die *Elsenbrücke* neben dem *Allianz-Hochaus* und den *Molecule Man* in der Spree, geht die Stadt in die Breite. Das Wasser erobert das Weichbild. In der Ferne die backsteinrote, märchenhaft turmbewehrte Oberbaumbrücke. Die Spree beherrscht das Auge, kleine Epiphanie, wie sie nur durch einen breiten Strom ausgelöst werden kann. Selbst wenn sie ein eher bescheidener Fluss ist, hier weitet die Spree die Stadt. Sehnsucht, die Straße zu verlassen. Auf dem Wasser das Weite zu suchen. Der hohe

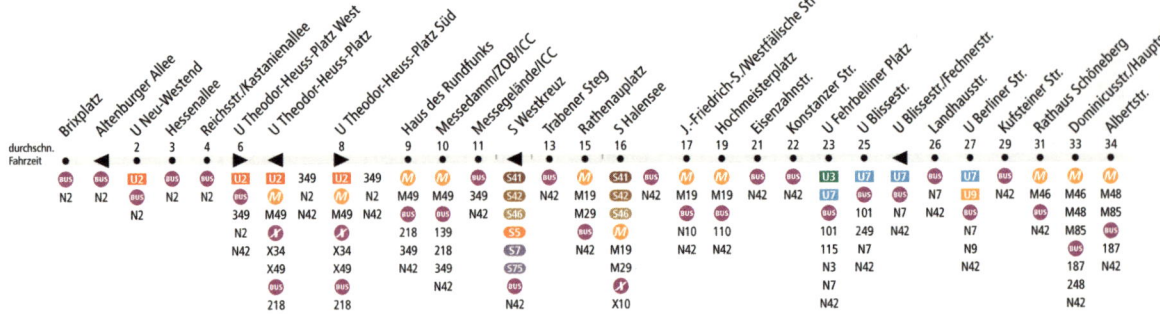

Wasserturm am Bahnhof Ostkreuz wirkt am Rand der riesigen Baustelle wie eine stilisierte Fermate, etwas Beruhigendes, auch wenn keine Dampfloks mehr sein Wasser beanspruchen. Ein Baudenkmal, mehr nicht. Anders erging es der großen Plauze des Wasserturms in der Westender Akazienallee. Er wurde in den letzten Jahren mit Billigung der Denkmalpflege – die hinsichtlich des Bestandsschutzes von Alt-Westend blind zu sein scheint – von den Investoren komplett saniert und äußerlich mit einer breiten Aufzugsanlage versehen. Das Ergebnis ist eine behördlich genehmigte Entstellung des Baudenkmals. Man könnte paradoxerweise von einer Schutzentstellung sprechen. Hier hat kein »Bauen am Bestand«, sondern ein »Bauen um den Bestand herum und auch gegen den Bestand« stattgefunden. Die Tendenz zur SUV-Architektur greift um sich, »elbowing out« heißt die ästhetische Devise für diese Bauherren wie ihre Klientel. Kritik? – Ist was fürs Feuilleton. (Ein Detail am Rand: In Berlin bevorzugen »smarte« SUV-Besitzer neuerdings Nummernschilder mit der Buchstabenfolge B – 10 – *bingo*?!) *Ring über Ostkreuz* war der Titel eines rororo-Romans von Erich Wildberger, der vermutlich nur wegen seines trochäischen Appells und des sprechenden Covers ziemlich erfolgreich war. Wildbergers Trick bestand darin, die Hunderttausenden geläufige Ringbahn-Formel unverändert in einen Romantitel umzumünzen und dadurch ein Bündel von Assoziationen freizusetzen, die vom Thriller über den Krimi bis zur Liebesgeschichte reichen. Die beiläufige Überlagerung der Symbole (des Kreuzes, des Ringes und des Ostens) in einem einzigen Titel ist ein ziemlich gelungener Kniff. Der Roman ist (zu Recht) vergessen, der Titel nicht. Es gibt kaum einen S-Bahnhof, der noch Jahre nach dem Mauerfall so marode war wie *Ostkreuz* – man hätte ihn für eine denkmalgeschützte Filmkulisse halten können, eine Kulisse der Armut in Schwarz-Weiß,

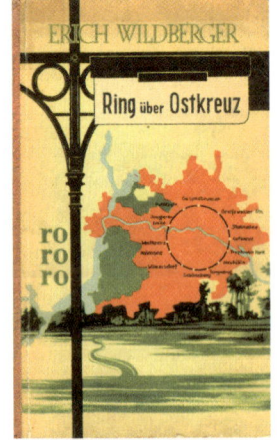

Station	Nr.	Linien
Kaiser-Wilhelm-Platz	36	M48, M85, 106, 187, 204, N42
S Julius-Leber-Brücke	38	S1, 106, 204, N42
Hohenfriedbergstr.	39	N42
Kesselsdorfstr.	40	N42
Kolonnenbrücke	41	N42
Dudenstr./Katzbachstr.	42	140, N42
U Platz der Luftbrücke	44	U6, 248, N6, N42
◄		248
Columbiadamm/Platz d. Luftbrücke	46	248
Columbiadamm/Friesenstr.	47	
Goßener Str.	48	
Friedhof Columbiadamm	50	
Sommerbad Neukölln	52	167
Fontanestr./Flughafenstr.	53	U8, 167, 344, N8
U Boddinstr.	55	167, 344, N8
Herrfurthstr.	56	167
Morusstr.	57	167, N7
Platz der Stadt Hof	58	U7, 167, N7, N94
U Rathaus Neukölln	60	M41, 167, N94
Erkstr.		167, N94
Wildenbruchplatz	61	167, N94
Harzer Str./Wildenbruchstr.	62	167, 171, N94
Heidelberger Str.	63	167, 194
Elsenstr./Kiefholzstr.	64	167, 194, N94
Beermannstr.	66	166, 167, 194, 194, 265, N65, N94
◄		
Puschkinallee/Elsenstr.	68	S41, S42, S8, S85, S9, 166, 167
S Treptower Park	70	194, 265, N65, N94, 347
Markgrafendamm	72	S3, S9, S41, S42, S5, S7, S75, S8, S85, 194, 347, N94
S Ostkreuz		194, N94
Glasbläserallee	74	347
Friedrich-Junge-Str.	75	347
Alt-Stralau	76	347
Tunnelstr.	77	347

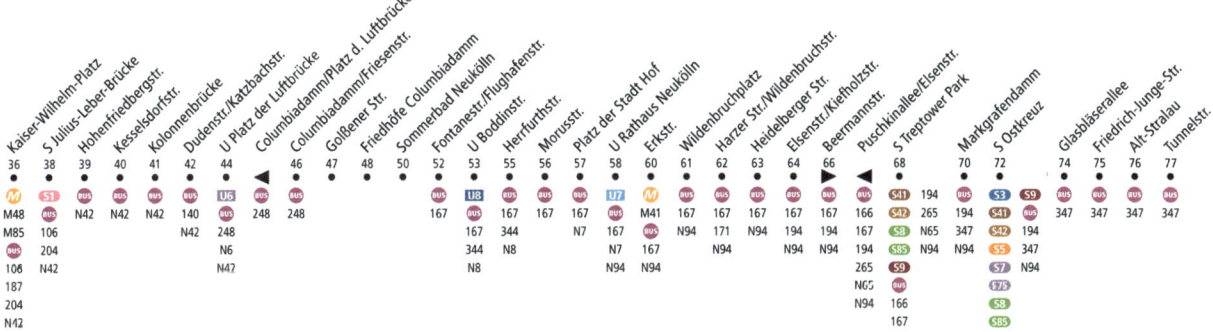

es fehlten eigentlich nur der Dampf und die Pfiffe der Lokomotiven. 2016 wird der neue Bahnhof fertig und der *Hundekopf* wieder intakt sein. In einer Senke erreicht der Bus die Halbinsel *Stralau*. Bahndamm und Allianzgebäude versinken im Westen. Wir sind am Wasser. Die ausladende Rummelsburger Bucht liegt nah am Weg. Wer Stralau zu »Ostzeiten« gekannt hat – ein untergegangener Westberliner Ausdruck, wie »Ostfarbe«, das SECAM-System des Farbfernsehens der DDR –, wird es nicht wiedererkennen. Das Bauland ist kolonisiert. Zwischen den vielen zurückhaltenden Neubauten tauchen vereinzelt alte Gewerbebauten, Schiffswerften und Fragmente von Berliner Altbaustraßen auf. Zwei junge Mädchen haben sich an der Inselspitze mit ihren Rädern niedergelassen und sehen über das Wasser auf das Kraftwerk am fernen anderen Ufer. Die *Insel der Jugend*, *Kratzbruch* und die *Liebesinsel* dümpeln vor der Spitze der Landzunge. Auf der gegenüberliegenden Seite nach Lichtenberg hin reihen sich Klinkerneubauten, dort steht auch eine keck ins Parallelogramm geschubste Kindertagesstätte. Stralau verliert sich in einem kleinen Park, einem Karl-Marx-Denkmal und einer Kirche mit Friedhof. Untergegangen und verschüttet ist der Tunnel unter der Spree, der einmal Stralau mit Treptow verbunden hat. Das Urstromtal will so etwas nicht.

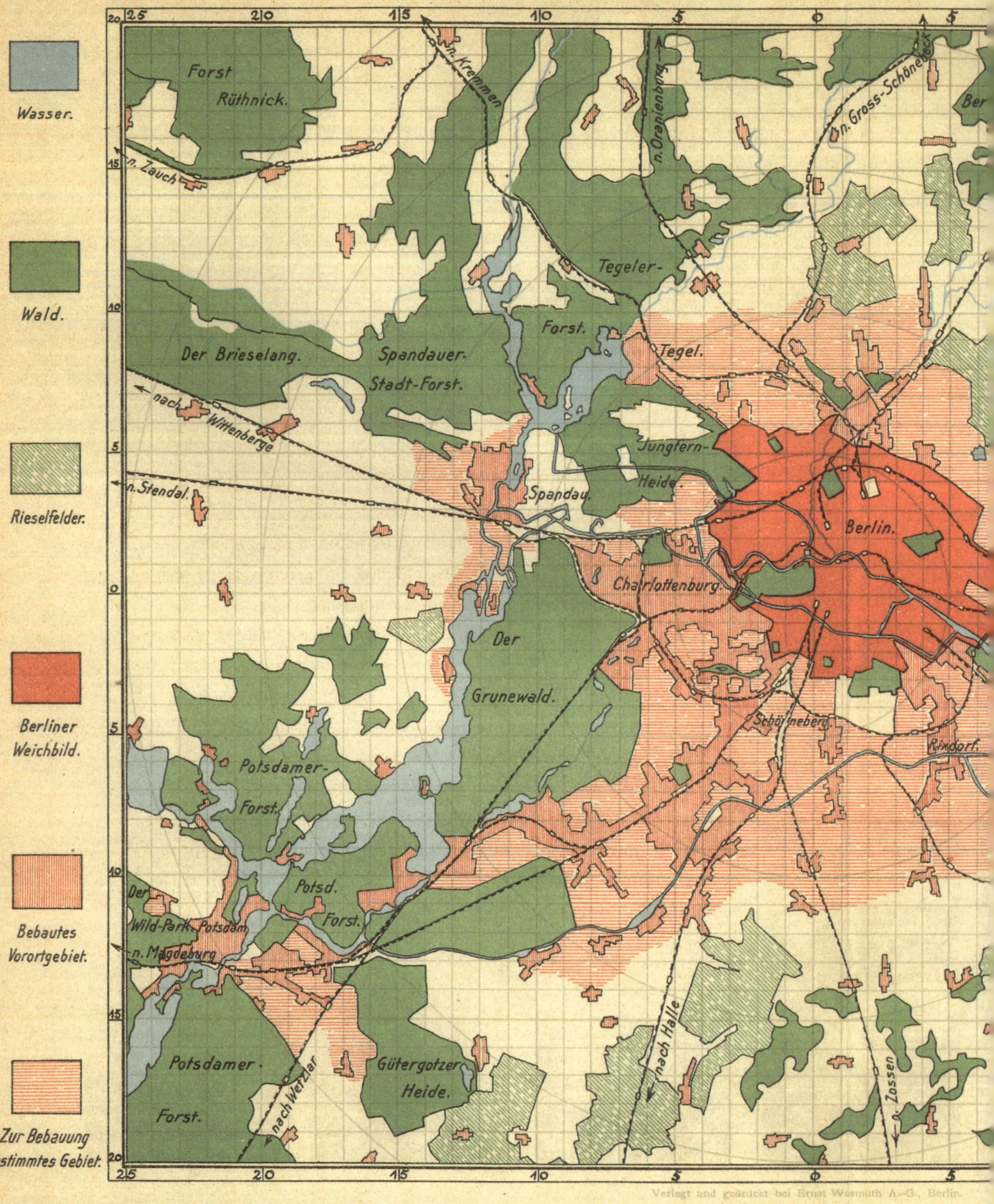

Wasser.
Wald.
Rieselfelder.
Berliner Weichbild.
Bebautes Vorortgebiet.
Zur Bebauung bestimmtes Gebiet.
Forst Rüthnick.
n. Zauch
n. Kremmen
n. Oranienburg
n. Gross-Schönebeck
Tegeler-
Forst.
Tegel.
Der Brieselang.
Spandauer-
Stadt-Forst.
nach Wittenberge
n. Stendal.
Jungfern-
Heide.
Spandau.
Berlin.
Charlottenburg.
Der
Grunewald.
Schöneberg
Rixdorf.
Potsdamer-
Forst.
Potsd.
Forst.
Der
Wild-Park
Potsdam
n. Magdeburg
Potsdamer-
Forst.
Gütergotzer
Heide.
nach Wetzlar
nach Halle
Zossen

Verlegt und gedruckt bei Ernst Wasmuth A.-G., Berlin.

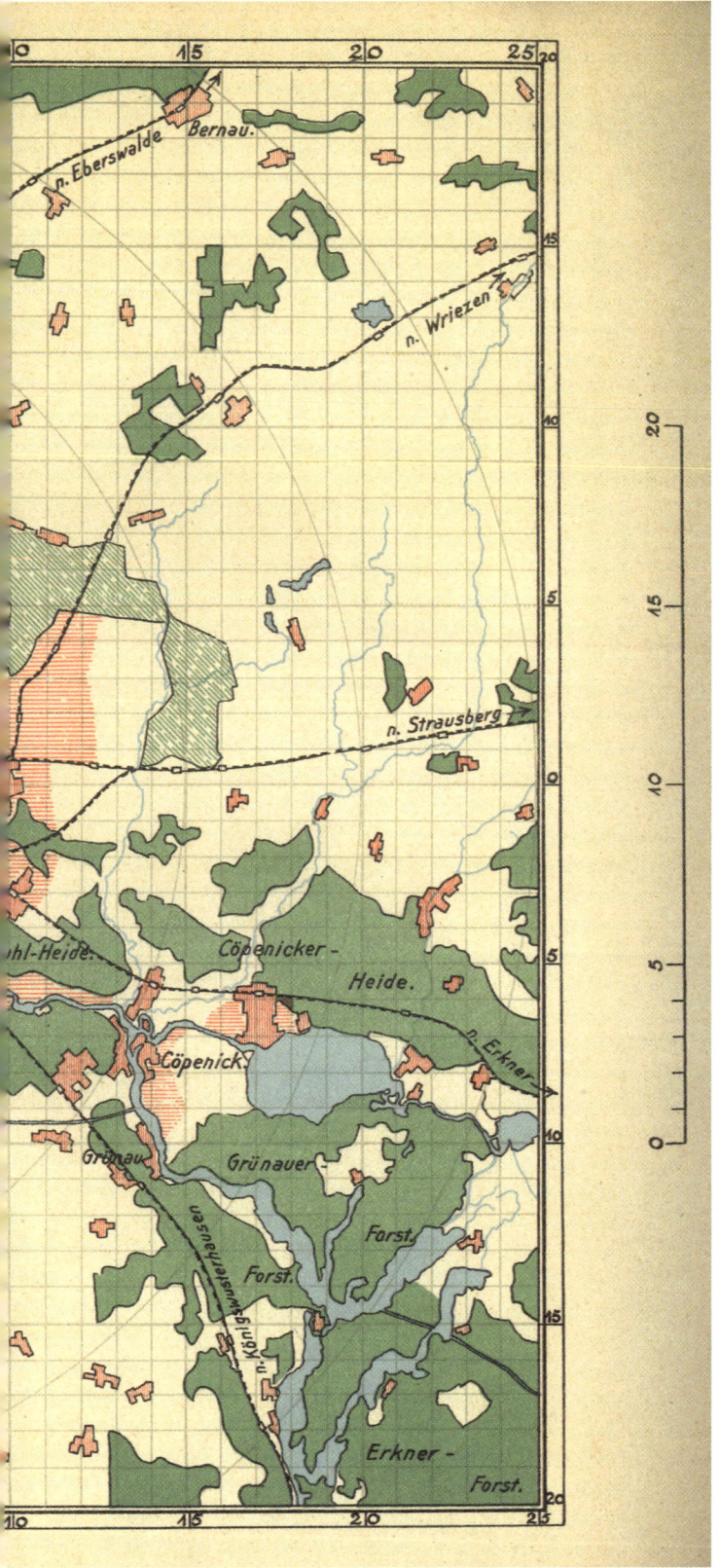

»Das ideale Ziel muss sein: aus dem ungeordneten Agglomerat von Häusern, Straßen und Plätzen, von Städten und Dörfern, das Gross-Berlin zu werden droht, eine großzügig geplante, künstlerisch gestaltete Großstadt zu schaffen ... Eine Gewähr für die dauernde Erhaltung solcher Anlagen ist nur dann gegeben, wenn der Grund und Boden unverkäuflich ist ... Für all diese Bedürfnisse, die wir jetzt schon kennen, und für alle, die erst die Zukunft uns lehren wird, müssen wir die Wälder und Wiesen erhalten, und wenn diese dann durch breite Parkstraßen, wie dies besonders in amerikanischen Städten geplant ist, unter sich und mit den Wohnvierteln verbunden werden, dann wird es auch unseren Nachkommen möglich sein, Erholung und Kräftigung für Körper und Seele im Freien zu finden.

Die Umgegend Berlins hat natürliche Vorzüge in dem Reichtum seiner Wald- und Wasserflächen, die einen Ausgleich bieten für das Fehlen größerer Erhebungen und die Dürftigkeit seines Bodens.«*

Emanuel Heimann, 1906

Anmerkungen und Textnachweise

S. 17: Volkmar Fichtner: Die anthropogen bedingte Umwandlung des Reliefs durch Trümmeraufschüttungen in Berlin (West) seit 1945, Berlin 1977, S. 110 ff. Meines Erachtens die einzige gründliche Arbeit über die Planungsgeschichte, das Ausmaß und die Folgen der Trümmeraufschüttung, angereichert durch sehr gutes Kartenmaterial und wenig bekannte Fotografien.

S. 21: Goerd Peschken, in: »Berlin im Abriss – Beispiel Potsdamer Platz«, hrsg. von Janos Frecot / Helmut Geisert, Berlin 1982

S. 38 o.: Schilderungen der Zeitgenossen, Leipzig 1886, S. 11. Aus: Kleine Wanderungen durch Deutschland, in Briefen an den Doktor K*, in: Der Teutsche Merkur, hg. v. Christoph Martin Wieland

S. 38 u.: Berlin von seiner Entstehung bis auf die gegenwärtige Zeit, historisch-geographisch beschrieben, Berlin 1789, S. 98

S. 40 ff: Zitate aus: Hans-Joachim Uhlemann, Berlin und die märkischen Wasserstrassen, Berlin (DDR) 1987, S. 113 ff.

S. 43: Heinzpeter Thümmler: Zur Straßenpflasterung in Berlin im 19. Jahrhundert, in: Wiss. Zs. d. Humboldt-Univ. zu Berlin, R. Geistes- und Sozialwiss. 40 (1991) 10, S. 52

S. 45, 163: Emanuel Heiman, Leitsätze zur Erlangung eines Grundplanes für die städtebauliche Entwicklung von Gross-Berlin. Gegeben von der Vereinigung Berliner Architekten und dem Architektenverein zu Berlin, Berlin 1907

S. 52: Gedicht Rolf Haufs und Monogramm Oskar Huth, in: Für den Fall der Nüchternheit. Almanach zum 60. Geburtstag von Oskar Huth, hrsg. von der Oskar Huth Gesellschaft, Berlin 1978, S. 65

S. 113–114: Dieses havariesüchtige Ansinnen konnte nur durch ein versteckt montiertes Steuer für den im Verborgenen agierenden Lotsen gefahrlos bewältigt werden.

S. 141: Aufschlussreich: Harald Bodenschatz / Hans-Joachim Engstfeld, Abschied vom Flughafen Tempelhof, in: Die Alte Stadt, 22. Jg., 3/95, S. 267–280

Abbildungsverzeichnis und Quellen

Frontispiz: Trümmerfundstück, Teufelsberg 2012, Fotografie Hanns Zischler

S. 6: Berlin und Cölln an der Spree um 1250, in: Max Ring, Das Buch der Hohenzollern. Leipzig o.J.

Zur Einführung

S. 8 o.: Spuren der Eiszeit © Senatsverwaltung für Stadtentwicklung und Umwelt

S. 8 u.: Friedrich Leyden, Berlin als Beispiel einer wurzellosen Großstadt, in: Zeitschrift für Geopolitik x/3 (1934), S. 175

S. 10: Waldemar Titzenthaler. Reichskanzlerplatz 1907, in: Berlin um 1900. Ausstellung der Berlinischen Galerie in Verbindung mit der Akademie der Künste zu den Berliner Festwochen 1984, Berlin 1984, S. 30 © Berlinische Galerie

S. 11: Kiesgrube am Westend in der Gegend des heutigen Theodor Heuss-Platzes, ca. 1900, in: Heinrich Zille, Photographien Berlin 1890–1910, hrsg. von W. Ranke, München (Schirmer/Mosel) 1975, S. 149 © Berlinische Galerie

S. 13: Fotografie Hanns Zischler

Eine Stadt auf »grundlosem Boden«

S. 14/15: Berlin 1965, Blick vom Trümmerberg am Teufelssee, Werbebroschüre

S. 18/19: Hochschulstadt Berlin Wehrtechnische Fakultät, 1945 © Landesarchiv Berlin, Kartenabteilung, F Rep. 270, A 3840

S. 20: Albert Speer in seinem Atelier auf dem Obersalzberg bei Berchtesgaden im Gespräch mit Besuchern vor einem Modell der für Berlin-Grunewald geplanten Wehrtechnischen Fakultät der Technischen Hochschule – veröffentlicht 27.07.1939 © ullstein bild

S. 21: Ruine der »Wehrtechnischen Fakultät« an der Teufelsbergchaussee. Abrissarbeiten. Aufnahme 11.12.1951 © Landesarchiv Berlin, Fotosammlung, 194 648

Das Ziel ist der Weg

»Mein Monsterlatsch« – Oskar Huth

S. 53:   »Oskar Huth«, © Fotografie Alf Trenk, in: Oskar Huth, Überlebenslauf.
Ansichten und Erinnerungen eines ungewöhnlichen Zeitgenossen, aufgezeichnet von Alf Trenk. Berlin 1994, Privatdruck für den Freundeskreis, S. 1

S. 54:   »Oskar Huth. Selbstporträt« © Marina Molinari, in: Oskar Huth, Überlebenslauf. Ansichten und Erinnerungen eines ungewöhnlichen Zeitgenossen, aufgezeichnet von Alf Trenk. Berlin 1994, Privatdruck für den
Freundeskreis, S. 122

S. 56:   Gefälschter Wehrpass benutzt von Ludwig von Hammerstein, in: Für den
Fall der Nüchternheit. Almanach zum 60. Geburtstag von Oskar Huth,
Berlin 1978, hrsg. von der Oskar Huth Gesellschaft, S. 85

S. 57:   Gefälschte Reisebuttermarken, etwa um 1943, in: Für den Fall der Nüchternheit. Almanach zum 60. Geburtstag von Oskar Huth, Berlin 1978,
hrsg. von der Oskar Huth Gesellschaft, S. 23

S. 59:   Das alte Polizeipräsidium (erbaut 1885–1890) Alexanderplatz. Aufnahme-
datum 22.08.1957 © bpk / Franz Kräft

S. 60:   Blick über rauchende Trümmer am Spittelmarkt, © bpk / Ewald Gnilka

S. 62:   Ilse Vogel (rechts), in: Ilse-Margret Vogel, Bad Times, Good Friends.
A personal memoir, San Diego, New York, London (Harcourt Brace Jova-
novich) 1992, Frontispiz

S. 63:   Bezirk Tiergarten. Getarnte Charlottenburger Chaussee (spätere Straße
des 17. Juni) in Richtung Brandenburger Tor, von der Siegessäule aus gesehen. 26.7.1941 © Landesarchiv Berlin, Fotosammlung, 195 138

S. 64:   Bezirk Tiergarten, Schellingstraße 6, Bombentreffer, 1941 © Landesarchiv
Berlin, Fotosammlung, 194 648

S. 65:   Bezirk Kreuzberg, Belle-Alliance-Platz 18, Eine 5-Ztr.-Bombe durchschlug
als Blindgänger das gesamte Haus, Wohnung Scholz, 21.12.1940 © Landesarchiv Berlin, Fotosammlung, 194 718

Einst sah ich alles in Umrissen nur… – Gertrud Kolmar

S. 67:   Gertrud Kolmar. Photographie von Unbekannt. 1928, Nachlass Gertrud
Kolmar / Hilde Wenzel © Deutsches Literaturarchiv Marbach

S. 69:   Das Westend-Haus Ahornallee 37, in welchem die Familie Chodziesner
von 1899–1920 wohnte, Nachlass Gertrud Kolmar / Hilde Wenzel © Deutsches Literaturarchiv Marbach

Das Stadtbild gehört uns

S. 113:   Dom nach der Sprengung. Aufnahme 1893. Fotografie F. A. Schwartz
            © Landesarchiv Berlin, F Rep. 290-01-01, 613 591

S. 114/115: Friedrich Schinkel, Der Lustgarten in Berlin mit Schlossbrücke, Museum
            Dom und Schloss, 1823, © bpk / Kupferstichkabinett, SMB / Volker-H.
            Schneider

S. 116:   Gruss aus Berlin. Postkarte, Sammlung Hanns Zischler

S. 119:   Berlin, Unter den Linden, Entwurf zur Gestaltung des Lustgartens, 1828
            © bpk / Kupferstichkabinett, SMB / Jörg P. Anders

S. 122 o.: Domumbau, ausgeführt von K. F. Schinkel, 1820, in: Karl Scheffler, Der
            Architekt und andere Essays über Baukunst, Kultur und Stil. Basel
            (Birkhäuser) 1993, S. 39 © Friederike Schneider

S. 122 u.: Berliner Dom. Entwurf von Raschdorff, in: Karl Scheffler, Der Architekt
            und andere Essays über Baukunst, Kultur und Stil. Basel (Birkhäuser)
            1993, S. 39 © Friederike Schneider

S. 123:   Anonym, Der Dom zu Berlin bei der Einweihung am 27. Februar 1905
            © Fotosammlung Huis Doorn

Das Berliner Kinderspiel der Gegenwart

S. 124–129: Seiten aus: Reinhard Peesch, Das Berliner Kinderspiel der Gegenwart.
            Mit 24 Bildtafeln und 8 Karten. Berlin (Akademie-Verlag) 1957

Berlin im Röntgenbild – Katharina Meldner

S. 133 o.: Bezirk Tiergarten. Tarnnetze über der Charlottenburger Chaussee.
            Mitte Brandenburger Tor. Aufnahme: ca. 1941 © Landesarchiv Berlin,
            Fotosammlung, 1975

S. 130–135: alle anderen Abb. Katharina Meldner

Im ewigen Provisorium – Alexanderplatz

S. 136 o.: Mies van der Rohe, Project: remodeling of Alexanderplatz, Berlin. 1928
            © VG Bild-Kunst, Bonn 2013. Mit freundlicher Genehmigung des Mu-
            seum of Modern Art, New York

Ein neuer Standort für Tatlins Turm

»... durch die ganze lange Stadt bis Stralow.«

Anhang

Der Autor und der Verlag danken allen Rechteinhabern für die freundliche Abdruckgenehmigung. Leider konnten nicht alle ermittelt werden. Wir bitten Sie daher, sich gegebenenfalls bei Galiani Berlin zu melden.

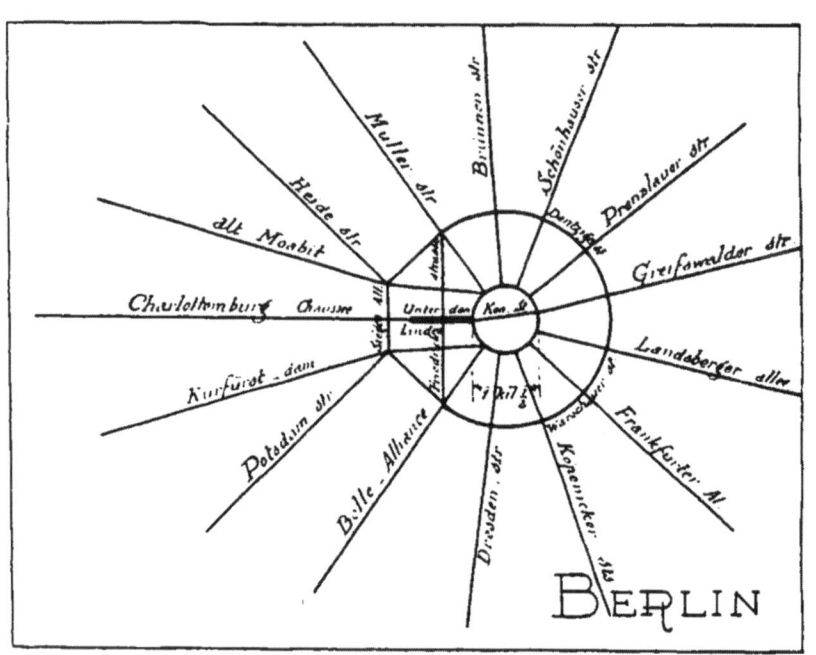

Danksagung

Dieses Buch wäre ohne die Mithilfe von Freunden, von Rat- und Stich wortgebern nicht zustande gekommen. An erster Stelle möchte ich dem Architektur- und Fotohistoriker Helmut Geisert danken, der mich kontinuierlich mit seinen Lektüren und Hinweisen auf verschüttete Geheimnisse und unscheinbare Manifestationen des ›Unbewussten‹ dieser Stadt aufmerksam gemacht hat. Generös haben die Mitarbeiter der Landesbildstelle im Norden Berlins mir den Zugang zu ihren Bild- und Planschätzen geöffnet; neben Herrn Matschenz gilt mein Dank Frau Schäche und Herrn Janetzki. Lektüren und Recherchen wurden mir erleichtert durch die ungemein effektiven Bibliotheksdienste des Wissenschaftskollegs zu Berlin, dessen Fellow ich Anfang 2011 auf Einladung von Lucca Giuliani für ein Vierteljahr sein durfte. Die Bibliothekarinnen Sonja Grund, Anja Brockmann, Marianne Buck, Kirsten Graupner und der unermüdliche Oliver Kuß besitzen offenbar den Schlüssel zu der Formel »Unauffindbares gibt es nicht«. Uwe Pörksen sei für den Hinweis auf Otto Reutters Chanson gedankt und dem Freund Hanspeter Krüger für viele Hinweise über lange Jahre und die Fundstücke aus seiner Berlinensienbibliothek. Dank an Herbert Liman für die Entschlüsselung der »Akkord-Kolonne«. Schließlich sei Nicola Gaedicke bedankt für Ihre geduldige Lektüre und, last but not least, die Gestalterin Doreen Engel, welche die zentrifugalen Tendenzen bei der Herstellung dieses Buches souverän zu bändigen verstand.

Verlag Kiepenheuer & Witsch, FSC-N001512

2. Auflage 2013

Verlag Galiani Berlin

© 2013, Verlag Kiepenheuer & Witsch GmbH & Co.KG, Köln

Lektorat: Esther Kormann
Umschlaggestaltung: Doreen Engel, Berlin, unter Verwendung einer Fotografie aus Reinhard Peesch, Das Berliner Kinderspiel der Gegenwart. Berlin (Akademie-Verlag) 1957, Bildtafel 6
Gesetzt aus der Minion. Gestaltung und Satz Innenteil: Doreen Engel, Berlin
Druck und Bindung: GGP Media GmbH, Pößneck

ISBN: 978-3-86971-071-6

Weitere Informationen zu unserem Programm finden Sie unter *www.galiani.de*